PACTIONS MATRIMONIALES,

OU TRAITE'

DES MATIERES

DES DOTTES,

RANGE' SOUS LE TEXTE
d'un Contrat Dottal.

Absolument nécessaire à tous Juges, Praticiens, Notaires, & autres.

Par Spectable **GASPARD BALLY**, Avocat au Souverain Senat de Savoye.

Vû & corrigé par le Souverain Senat.

A ANNECY,

Chez HUMBERT FONTAINE, Imprimeur & Libraire.

M. DC. XCIX.

Avec Permiſſion du Senat & deffenſe à tous autres.

AU LECTEUR.

AMY LECTEUR, peut être l'on jugera temeraire l'Auteur de ce Livre, d'avoir écrit de la matiere des Dottes, aprés tant de rares Esprits qui en ont traité, ne pouvant rien être ajoûté à leurs discours : mais comme ils n'ont écrit que pour les doctes, & que journalierement dans les Barreaux & Cours de Parlemens, on agite telle matiere, il a crû qu'il ne seroit hors de propos d'en toucher les principaux points, lesquels pour rendre plus faciles & familiers, il les a rangé *sous le Texte d'un Contrat dottal*, afin que chacun puisse choisir les documens & instructions qu'il jugera luy pouvoir servir. J'espere que vous honnorerez ce petit Livre de vôtre lecture ; vous priant pour l'Auteur, de ne point prendre garde aux manquemens & deffauts qui s'y pourroient rencontrer : & d'accorder ensuite à l'Imprimeur l'honneur de vôtre bienveüillance, afin qu'avec respect il se puisse qualifier du titre de

Vôtre tres-humble Serviteur H. FONTAINE.

TRAITÉ
DES DOTTES,

RANGÉ SOUS LE TEXTE
d'un Contrat dottal.

Omme ainſi ſoit que Mariage ſoit été traité par paroles de futur, & nòn encores accomply.

11. *Il n'y a aucun tems prefix pour les fiançailles, comme pour le mariage.*

12. *Les Péres, & les Méres peuvent fiancer leurs enfans âgez de sept ans.*

13. *Les fiancez ne se peuvent separer ayant dormir ensemblement, le fiancé ayant juré d'avoir connu sa fiancée charnellement.*

14. *Les fiançailles se peuvent faire par interposite personne.*

1. C'Est de tout tems que l'on a coûtume de faire des fiançailles ; aussi Aule Gele nous en donne des preuves assurées, parlant en ces termes : *Qui uxorem ducturus erat in latio stipulabatur jam in matrimonium ducturum iri, qui ducturus erat, idem spondebat is contractus stipulationum, sponsionumque dicebatur sponsalia, tunc quæ promissa erat, sponsa appellabatur qui spoponderat ducturum sponsus : sed si post eas stipulationes uxor non dabatur, aut non ducebatur ex sponsa agebat, judices cognoscebant, Judex quam orbem data acceptave non esset, uxor querebat si nihil justa causa videbatur litem pecuniæ æstimabat, quantique interfuerat eam uxorem accipiant, dari eam qui sponderat, aut qui stipulatus erat condemnabat.*

2. Et non-seulement telle coûtume étoit observée chez les Romains, mais encore parmy les Grecs ; ainsi que nous l'aprend Xenophon, disant que Oxis fiança la fille d'Agesilaüs, & lui toucha la main en témoignage de foy.

3. L'on observe encore des autres ceremonies aux fiançailles, comme de boire ensemblement, que l'on nomme vulgairement, *boire en non de mariage*, laquelle coûtume aussi a pris son origine des Grecs.

4. Toutesfois pour la perfection des fiançailles, telles ceremonies ne sont necessaires, ny de leur es-

sence : mais le libre consentement des parties qui se promettent mutuellement.

5. Tellement que le furieux ne se peut fiancer, ny moins faire aucune promesses matrimoniales, selon la disposition du droit, veuque il ne peut prêter aucun consentement : toutesfois il faut entendre du furieux qui continuë dans sa fureur, car s'il retourne en son bon sens, & que pendant ce temps il fasse quelques promesses, alors elles seront valables, & ne pourront estre enfreintes par la fureur qui est survenuë. Toutes fois la fiancée se pourra decreter à cause de la fureur qui est arrivée. Que si le mariage est parfait, la fureur n'est pas un moyen suffisant pour le rompre.

6. Entre les fiançailles & le mariage, ou épousailles, il y a quelque milieu, tellement que les fiançailles quelquesfois sont mariage parfait, à sçavoir si elles sont faites par paroles de present : comme si l'époux dit à la fille, *je vous prens maintenant pour ma femme.* Elle dit à son époux, *je vous prens maintenant pour mon mary*, alors le mariage est parfait, encore que la copulation charnelle ne soit suivie, *quia solus consensus, non concubitus matrimonium facit :* tellement que aprés telles promesses il n'y a plus lieu de repentir, & l'époux ne pourra être admis aux Ordres sacrez, moins luy pourra-ton conferer aucun benefice, parce que le mariage & la dignité sacerdotale, sont choses incompatibles, Capel. Tholos. *q. 362.* Gloss. *in c. unic. de voto, & voti redemptione, lib. 6.* ceci a esté corrigé par le Concile de Trente que nous observons, *sess. 24. & declarationes Card. n. 9. de reform. matrim.*

7. Quant aux fiançailles faites par paroles de futur elles ne passent en force de mariage, parceque *verba futuri temporis non disponunt.* * Toutesfois si aprés il y a eu copulation charnelle, telles fiançailles sont

vray & essentiel mariage ; & si l'un des fiancez épousoit un autre, le second sera nul, & de nul effet, & les enfans qui en naîtront, seront adulterins, *c. 15. qui fidem dedit ext. de sponsal.* d'autant que la copulation charnelle a suivi telles promesses, si bien dans.

8. Le Contrat dottal, ou autrement les mots du temps futur sont portez, la presomption que la stipulation de present est intervenuë, qui fait le vray mariage, contre laquelle presomption l'on n'est pas reçû de prouver au contraire, *cum sit juris & de jure.*

9. Toutesfois si le fiancé a essayé d'attenter à la pudicité de sa fiancée, telles fiançailles ne peuvent estre reputées vray & parfait mariage.

10. Ce n'est pas sans raison qu'on a voulu que les fiançailles precedassent le mariage, veuque, comme c'est un lien indissoluble, aprés qu'il a esté contracté; c'est pourquoy, les loix divines & humaines ont donné du temps pour penser plus murement à ce que l'on devoit faire, afin que l'on ne fût surpris: car pendant que l'on courtise les filles avant qu'elles y soient assurées de l'intention de leurs amans, elles se contrefont de telle sorte, qu'elles ne paroissent rien moins que ce qu'elles sont. Saint Chrisostome en *l'homilié 43. sur la Genese*, dit que les fiancez avoient coutume de loger les uns avec les autres, chez leurs parens, avant que s'épouser, afin de découvrir plus facilement les defauts.

En second lieu, afin que le mary puisse mettre ordre à ce qui est de besoin au menage qui doit arriver

* Cecy est abrogé par le Concile de Trente qu'il faut suivre *ut sint vera matrimonia*, car toutes sortes de copulations charnelles qui sont faites contre les Statuts & Ordonnances du Saint Concile, sont illegitimes & reprouvées de droit *eadem sess. 24. de reform. matr. im.*

chez luy. Troifiémement, que pendant ce temps, lon fafle les proclamations en l'Eglife, felon les Ordonnances du faint Concile de Trente pour fçavoir fi quelqu'un veut apporter empêchement au mariage qui fe doit celebrer.

11. Pour les fiançailles l'on n'a pas ordonné aucun temps certain, comme pour le mariage, à fçavoir aux mâles, à 14. ans, & douze aux femelles : lequel tems a efté prefix tant par les loix civiles, que canoniques: car elles fe peuvent faire auffi bien en âge d'impuberté, que de puberté, les peres & meres pouvans fiancer leurs enfans impuberes, âgez de fept ans, fans leur confentement. 12. Mais s'ils font puberes, ils ne le peuvent. Que fi enfuite d'icelles les fiancez demeurent enfemblement, & couchent l'un avec l'autre, & que la fille ayant atteint l'âge de puberté, fe veüille feparer de fon fiancé, elle ne le pourra faire fi l'homme jure de l'avoir connuë charnellement,

13. * ni moins fe marier à un autre, *cap. continebatur, ext. de defponfat. impub.* Autre chofe eft fi deux impuberes, toutes fois le mâle aye voulu corrompre la fille, ils ne feront mariez pour autant, & fe pourront detracter des promeffes faites par leurs parens, ou autrement, *cap. cateflationes, exod.*

14. Aux fiançailles la prefence de ceux qui fe fiancent n'eft pas neceffaire, car l'on fe peut fiancer par Meffager, Procureur, lettre miffive, ainfi que dit le Jurifconfulte en la Loy *hæc ita de fponfal.* Auffi on lit dans la Genefe que Rebeca fe fiança à Ifaac par le moyen d'un ferviteur que Abraham luy envoya.

* *Ceci n'eft fuivi maintenant*, vide la feff. 24. du concile de Trente *de reforma matrim.*

A iiij

Lequel s'accomplira lors & quand l'une des Parties en sera requise par l'autre, ce que faire ils promettent par leur foy & serment.

---

1. *L'un des Epoux peut sommer l'autre afin d'accomplir le mariage.*
2. *L'on ne peut contraindre d'épouser quelqu'un contre son gré.*
3. *Comme il faut entendre le serment apposé au Contract, & à quoy il sert.*
4. *Temps aprés lequel on se peut marier à un autre si l'on ne satisfait aux conventions portées par le Contract, aprés la sommation faite, sans encourir aucune peine.*
5. *Les arrhes doivent estre renduës au double par celui qui se detracte.*
6. *Le mineur se detractant ne doit que les simpes arrhes.*
7. *La bague maintenant tient lieu d'arrhes.*

1. L'Un des Epoux peut sommer l'autre de se representer en l'Eglise afin de recevoir la benediction nuptiale : si toutesfois par quelque motif, il arrive que l'un se detracte de ses promesses, & ne se veüille marier avec l'autre, 2. l'on ne pourra pas pour autant le contraindre encore que dans le Contrat le serment aye esté aposé, qui ne peut de rien servir en cela, car les mariages sont libres, & pour la perfection d'iceluy le consentement de l'une & de l'autre des parties doit cócourir unanimement. 3. le serment n'obligeant en rien les parties qui se peuvent dedire, & faut entendre tel serment *re integ.* c'est-à dire, pendant que la même volonté demeurera, *cap. 2. ext. de spons.*

Les Empereurs Constans & Constantins en la loy seconde, *C. sponsalibus*, ont ordonnez un temps aprés lequel la sommation ayant esté faite, l'une des parties se peut marier avec une autre sans qu'il puisse être condamné à aucune restitution d'arrhes, qui est celuy de deux années pour ceux qui font du même lieu, & de même Province : & quant à ceux qui font en voyages , trois années, finon qu'il y aye quelque caufe legitime qui retienne l'époux hors du païs, *l. fæpè ff. de fponfal.* Octavius au témoignage de Dio-caffius , commanda que toutes les pactions feroient nulles par lefquelles l'on voudroit dilayer le maria-ge & accompliffement d'iceluy, apres deux années, notamment lors que la fille eft en age de dix ans. Le droit canon a voulu que l'on fe puiffe marier à au-truy, fi dans trois annés l'on n'accompliffoit les pro-meffes portées au Contrat, fans eftre obligé d'atten-dre d'avantage. Voila quant aux fiançailles faites par paroles de futur ; mais quant à celles de prefent, * c'eft autre chofe, car fi bien l'époux demeure long temps hors de fon époufe, toutesfois elle ne fe pour-ra marier qu'aprés des affurances infaillibles de fa mort , parceque les paroles de prefent font un vray mariage, encore que la copulation charnelle ne s'en foit enfuivie.

Anciennement les femmes achetoient les hom-mes , & les hommes les femmes , tellement que le contrat de mariage étoit reputé pour vente mutu-elle de l'un & de l'autre, 5. & pour marque de ce on avoit coutume de donner des arrhes , ce que l'on obferve encore aujourd'huy, non pas pour dire que les pactions matrimoniales participent en rien du contrat de vente ni achet , mais tant feulement en témoignage de la foy que l'on s'eft promife mutuel-lement ; tellement que celuy qui la rompt, perd les arrhes qu'il a données & de plus s'il n'y a caufe le-gitime , il doit le double de ce qu'il a donné car an-

* Quant à prefent les fiançailles de prefent *non faciunt verum matrim.*

ciennement celuy qui se departoit, devoit donner
le quadruple. Mais les Empereurs Leon & Ante-
mius ont reduit cela au double, sinon que celuy qui
se detracte soit mineur. 6. car il ne doit que la simple arrhe *l. fin. C. de sponsal.* Saint Jerôme en l'E-
pitre qu'il écrit aux Ephesiens, raconte que l'époux
donnoit à son épouse une bague pour arrhes : &
Pline au livre 33. dit que de tout temps les époux
ont donné des bagues à leurs fiancées 7. en témoignage de promesse de mariage.

En la face de nôtre Mere Sainte l'Eglise.

1. *Pour la validité du mariage, outre le consentement, il faut ob-*
server les ceremonies ordonnées par l'Eglise.
2. *Aprés les fiançailles, l'on doit publier le mariage dans l'Eglise*
Paroissiale, par trois diverses fois.
3. *Il faut se presenter à son Curé, non pas à autre, pour recevoir*
la benediction nupsiale, avec des témoins.
4. *La dolation du serment n'est pas recevable pour preuve du ma-*
riage.
5. *Les mariages clandestins sont reprouvez.*
6. *Les enfans du mariage clandestin sont illegitimes.*
7. *Dire de Saint Basile sur le fait des mariages clandestins.*
8. *Chez les Payens les mariages se faisoient publiquement.*
9. *Au commencement du monde les freres & les Sœurs, se ma-*
rioient ensemblement.
10. *Du depuis on est venu aux cousins & neveux.*
11. *Les Romains pouvoient prendre en mariage leurs nieces.*
12. *Defence en la loi de grace de se marier avec ses parens.*
13. *Diverses constitutions touchant les degrez de parentage où il est*
permis de se marier.

1. **P**Our la validité du Sacrement de mariage, il y a
deux choses qui sont necessaires, à sçavoir la
matiere & la forme, comme parties essentielles, le
consentement des parties n'estant pas seulement re-

quis : mais encor il faut que l'on obſerve les regles eſtablies par l'Egliſe, comme venans de Jeſus-Chriſt, ſon Epoux.

2. En premier lieu les fiançailles ayans eſté faites, l'on doit publier dans l'Egliſe Paroiſſiale , & denoncer le mariage par trois diverſes fois ſeparement, en preſence de tout le peuple , pour ſçavoir ſi quelqu'un voudra porter empêchement , ce qu'a tres bien ordonné le Concile de Trente en la Ceſſion 24. *de reformatione , cap. ſinon qu'il y aye diſpenſe pour des dignes conſiderations.*

3. De plus les parties ſe doivent preſenter au Curé , & non pas à autre , luy ſeul ayant le pouvoir de conferer les Sacremens à ſes Paroiſſiens privativement à tous autres,& ce avec des témoins pour porter témoignage aſſuré de la celebration du mariage.

4. N'eſtant de miſe , ni recevable la delation du ſerment litis deciſif pour la preuve d'iceluy , afin d'empécher les abus qui s'y pourroient commettre.

5. Tellement que les mariages celebrez autrement comme il a eſté dit, ſont nuls, de nul effet, & clandeſtins, les enfans nez de telle copulation, eſtans illegitimes, comme conçeus en fornication , 6. Ainſi que diſent les Canoniſtes , *capite aliter, eadem cauſa, trigeſima quæſtione quinta,* dont voici les mots : *Aliter legitimum non fieri côjugium, niſi uxor ſolemniter accipiatur, & oblationibus à Sacerdote benedicantur, declaranda aliter præſumpta non conjugia , ſed adulteria, aut conturbernia aut ſtupra , vel fornicationes potiuſquam legitima connubia eſſe non dubitandum.* Et Tertullien au livre 2. dit , *id demum eſſe matrimonium quod Eccleſia conciliat, quod confirmat obligatio, & quod oblatum Angeli renunciant angeli nempè Eccleſiarum, ut angelus eccleſia Epheſina appellatur :* & peu aprés, il dit : *qui aliter quàm nu-*

ptiis utantur, adulteria & stupra committunt, & ideò penes nos occultæ quæque conjunctiones, idest, apud Ecclesiam priùs non professæ, juxta Machiam fornicationem judicari periclitantur, nec inde conserta obtentu matrimony crimen eludunt. Et Leon Pape en sa 9. Epitre, *Non dubium esse eam mulierem non pertinere ad matrimonium in quo ducetur nuptiale non fuisse ministerium,* le ministere du sacrement de mariage estant la solemnisation en public, qui demontre la conjonction du Fils de Dieu avec l'Eglise, nommé par l'Apôtre, *le Grand Mistére in Christum & Ecclesiam:* c'est pourquoy ez capitulaires de Chalemagne, cette Epître est autorisée, où il est écrit, *quod non omnis mulier viro conjuncta, uxor est viri, ut ne omnis filius hæres est patris; itaque aliud est uxor, aliud concubina, aliud ancilla, aliud libera.*

7. Saint Basile au traité *de Virginitate,* dit le mariage alors estre tenu pour legitime, & institué selon les Ecritures divines, quand la passion de la volupté n'a point prevenu l'usage de la loy : mais la conjonction a esté faite pour ayde necessaire afin d'avoir des enfans, le Seigneur ayant jetté le fondement, la verité de la commixtion ayant suivy le mariage, & se trouvant deux qui n'ont qu'une chair : d'autant que la raison de l'ame ayant preoccupé les deux ames par la raison apparente de la necessité, l'unité de la chair qui les a lié, les unit par un lien saint & sacré : mais si la raison qui est en l'ame, & la loy n'ont precedé l'œuvre de telles conjonctions, il est condamné & déclaré illegitime.

8. Non seulement dans le Christianisme on a ordonné que les mariages se fissent publiquement, avec les ceremonies prescrites par l'Eglise : mais cela estoit étroitement observé chez les payens ; car ils

avoient coûtume de se marier en la presence du Prê-
tre de Ceres, qui faisoit des prieres à la Déesse afin
que le mariage prosperât.

9. Et fort à propos l'Eglise a defendu tels mariages clandestins pour éviter les dangers qui arrive-
roient continuellement, veuque l'on commettroit
des incestes & autres abus qui retourneroient au
trop grand prejudice de toute l'Eglise. Il est vray
qu'au commencement du monde les freres & les
sœurs se marioient ensemble, d'où vient qu'A-
dam & Eve étoient Pere : Beau-Pere, & Belle-Me-
re tout ensemble : & telle façon de se marier a esté
suivie chez les Hebreux, jusques à ce que par succession de temps, on a tâché de faire des alliances
les uns avec les autres.

10. Aprés l'on est venu aux cousins, neveux : aussi
Abraham espousa Sara : niece de son Pere : & Jacob
épousa Liena : & Rachel frere de son oncle, épousa
Laban.

11. Les Romains pouvoient prendre en mariage
leurs niéces, & de ce nous fait foy Plutarque dans
ses Problémes, rapportant l'exemple d'un homme
de bien, toutesfois pauvre, qui pour avoir épousé sa
niéce, grandement riche, fut appellé en jugement,
mais toutesfois absous : de plus il sortit une Ordonnance qui permit de prendre ses parentes en mariage, autres toutesfois que ses niéces.

12. Aprés la venuë de Jesus-Christ, en la loy de
grace, Fabianus, au témoignage de Gratian, defendit de se marier avec ses parens, jusques au cinquiéme degré : Julius, afin de petit à petit remettre les
Chrêtiens à leur devoir, defendit de se marier avec
les filles de leur parenté jusques au septiéme degré :
ce que saint Gregoire trouve fort à propos ; mais

comme par telles aigreurs il arrivoit des grands inconvenients, veuque l'on eſtoit contraint de chercher des femmes ailleurs; 13. & par ce moyen les familles s'appauvriſſoient, par Décret d'Innocent troiſiéme, il fut permis d'épouſer ſes parentes aprés le cinquiéme degré incluſivement.

Entre tres-haut & puiſſant Seigneur, & Demoiſelle fille de.

1. *Le mariage par le droit Civil, doit être entre deux perſonnes ſeulement.*

2. *Autrefois chez les Romains il eſtoit permis d'avoir deux femmes.*

3. *Telles loy a eſté abrogée du depuis par le droit Civil.*

4. *Dire d'Euripides, comme il n'eſt pas bon d'avoir deux femmes.*

5. *Les ſacrez Canosn ont defendu d'épouſer 2. femmes.*

6. *Il y doit avoir de l'égalité entre ceux qui ſe marient.*

7. *L'on ne doit pas marier une jeune fille à un viellard.*

8. *Sonnet mauvais à une fille de prier Dieu qu'elle ſoit mariée à un villard.*

9. *L'on ſe peut marier eſtant à l'article de la mort.*

10. *Avant que l'on ſe marie il faut prendre garde à l'alliance que l'on fait.*

1. LE droit Civil, à l'exemple du Divin, a voulu que le mariage ne fût qu'entre deux perſonnes, auſſi Dieu aprés avoir bâty cêt Univers, & remply de tant de merveilles, crea l'homme pour commander : & voyant qu'il n'eſtoit pas à propos qu'il demeurât tout ſeul, il tira de ſon côté la femme, & les maria enſemble.

Il est vray qu'aprés le peché d'Adam, & Eve par succesion de temps, la corruption fut tellement en vogue, que les hommes habitoient avec les femmes à la façon des bêtes, en prenoient plusieurs, comme les Numides, Maures, Egyptiens, Indiens, Hébreux, Perses, Partes, & autres peuples barbares, qui prenoient autant de femmes qu'ils en pouvoient nourrir.

2. Il a esté permis chez les Romains d'avoir deux femmes, car Socrate de Constantinople, chez Cassiodore dit, *lib. 8. c. 2. de quadripartita historia*, que l'Empereur Valentin ayant épousé Justine, se voulant marier à Severe, fit une Loy qui permettoit à un chacun de prendre deux femmes, si bon luy sembloit.

3. Mais depuis telle loy a esté abrogée par le droit civil, *l. eum qui duas. C. de adult.* ayant esté imposée la peine du dernier supplice à celuy qui en auroit épousé deux. Aussi par l'Edit du Preteur il estoit expressemét defendu d'avoir deux femmes, *l. 1. §. ult ff. de his qui notant infam.* estans tenus pour infames ceux qui en épousoient plus que d'une, *bina sponsalia, binasve nuptias in eodem tempore constitutus habuerit*, ce qui estoit déja observé dés long tems chez les Romains avant ces loix, au raport de Diocassius Alicarnassus, *lib. 2.* qui dit que Claudius estant devenu amoureux de Virginea, ne se pouvant marier avec elle, tâcha de la corrompre par present, pour en joüir.

4. Euripides montre comme il n'est pas loisible d'épouser deux femmes, *nunquam duplicia connubia collaudavero mortalium, neque binas matres habent liberos, rixas quidem domorum tristesque offensas : & ailleurs, malim certè narras unum virum binos habere lectos.*

Les sacrez Canons suivans le precepte divin, ont commandé qu'un homme n'epousât qu'une femme, ainsi qu'il est porté expressement au Chapitre 1. *extra de sponf. duorum,* & à ce sujet l'on dispute si l'homme ou la femme se peuvent remarier avant que d'être certains de la mort de l'un ou de l'autre : l'on répond que non, *cap. cum inibitio,* & *cap. cùm quis, extra de clandeft. defponfat. auth. quantiscunque annis, C. de repud. & judic. & mor. fublat.* & *cap. in prefent.* 19. *extra de fponfal. & matrim. & cap. Dominus, ext. de fecund. nupt.* tellement que si l'un se remarie avant que d'estre certain de la mort de l'autre, le second mariage sera nul, & illegitime, encor qu'il aye esté celebré solemnellement en la face de l'Eglise, & les enfans seront adulterins, comme nez de copulation illegitime ; & le premier mari estant retourné, il faudra que la femme laisse le second, & ses enfans. C'est le commun sentiment du Senat, ainsi que Monsieur le President Favre dit en la def. 28. *C. de dignit. & nobilit.* où il dispute si la femme s'estant remariée à un routurier, encore que le mariage soit nul, elle perdra le mariage par ce moyen.

6. Pour la perfection du mariage il est necessaire qu'il y aye de l'égalité entre les personnes mariées, sçavoir, en âge, commoditez, degré d'honneur, & de famille : aussi il est dit au cinquiéme des Proverbes, *lætare cum muliere adolefcentia tuæ,* & Theogenes Magarensis parle de la sorte, *in adolefcentia verò juxta æqualem melius eft dormire defiderabilium operum amorem fatiantem :* 7. Car ce seroit une chose contre raison, & si j'ose dire, ridicule, de marier une jeune fille à un vieillard, les âges étans si dissemblables les uns des autres, veuque la jeunesse est toute de feu : & la vieillesse toute glacée, n'estant à rien moins propre

propre que d'éteindre les feux de la jeunesse, aussi Galien *lib. 6. de sanit. tuend.* & Paulus Ægineta, *lib.* 1. *cap.* 35. *veneri natura calida & humida idonea est,* c'est pourquoy la fabuleuse antiquité a donné pour mary à Venus, le Dieu Vulcain, estant le plus grand mal qui pourroit arriver à une jeune fille que d'éspouser un vieillad : 8. Aussi quand l'on avoit de l'aversion pour quelque jeune fille, on souhaitoit qu'elle fût mariée à un vieux, comme dit fort bien Esiode en ces Vers.

Audi flava ceres precor hoc mihi perfice votum
Hanc nunquam juveni matronam junge marito,
Sed Tremulo sit nupta seni cui vertice cani
Fundantur crines gelida superante senecta
Is cupiat tantùm effato nil corpore possit.

9, Sur ce sujet l'on dispute si l'on se peut marier estant proche de mourir, il semble du premier abord que non, car les deux fins pourquoy l'on se marie, cessent : la premiere, procréation des enfans : l'autre pour éviter le peché de luxure, ce qui ne se rencontre pas à celuy qui ayant déja la mort sur les lévres, s'en va bien-tôt rendre l'ame : toutesfois la commune opinion des Docteurs est que l'on peut se marier en tel estat, & que le mariage est bon & valable, ainsi qu'enseigne Jason *in l. sed quæsitum ff. de lib. & posthumis.* la raison est que les mariages sont libres, *& libera est cujusque voluntas usque ad ultimum vitæ spiritum, l. 1. C. de sacrosanct. Ecclef.* & pour réponce à ce qu'on a avancé, que la fin du mariage estoit la procreation des enfans, & pour éviter le peché de fornication : il est dit que la mort estant incertaine, le malade a toûjours esperance d'en échapper, aussi Ciceron dit qu'il n'y a homme âgé qui n'espere de vivre encor une année. Et ainſi le Senat a jugé entre Maître Marteray contre le ſieur Depingon d'Annecy, la fille duquel Marteray avoit épouſé un nommé Farquet viel homme qui étoit à l'agonie lors qu'il l'épouſa, & mourut ſoudain après, ayant approuvé les pactions matrimoniales faites entre eux par leſquelles il luy donnoit ſon bien que le ſieur Depingon tenoit.

10. Au choix que l'on fait d'une fille, l'on doit prendre garde ſoigneuſement à l'alliance & aux perfections tant de l'ame que du corps des parens de la fille avec qui l'on veut contracter mariage, veuque les enfans ordinairement retiennent les vices & imperfections de leurs parens, tant du corps que de l'ame : car comme les maladies du corps ſont hereditaires, de même en eſt-il de celles de l'eſprit.

C'eſt pourquoy ſaint Ambroiſe, *lib. 3. de virginib.* dit, *Quid potuit diſcere filia de adultera, niſi damnum pudoris* : Et Martial au liv. 6. de ſes Epigrammes, voyant que la fille d'un grand Yvrogne beuvoit de l'eau, s'écrie de la ſorte :

Miror quod Baxi filia potet aquam.

Les loix des douze tables pour montrer l'égalité qui devoit être au mariage, on defendu expreſſement qu'on ne ſe mariât ſinon avec des perſonnes de ſa condition, avec inhibitions expreſſes aux Nobles d'épouſer des roturieres, afin que par tels mariage, *inter diſpares ordines non fieret concordia.*

Tous deux du Lieu de ..

1. Le lieu de la naiſſance eſt à conſiderer comme ſervant grandement au mariage.
2. Anciennement quand l'on achetoit un Serf l'on avoit eſgard au lieu de ſa naiſſance.

1. LE lieu de la naissance sert grandement, ainsi que dit le Prince des Naturalistes, au livre *de aëre, locis & aquis*, & aprés luy Galien *lib. de substantia virtutum animalium, c.* 9. & au livre 2. *de temperamentis*, sous le titre *Corporis temperaturam mores animi sequi.* Tous les Astrologiens assurent que les astres influent tellement aux hommes, que nous voyons chaque Païs avoir des mœurs particulieres, & des vices dont on ne se peut detacher comme unis à nôtre nature: aussi le Jurisconte Ulpian *in l. quod si nolit, §. qui mancipia ff. de edit. edict.* dit *qui mancipia vendunt, nationem cujusque in venditione pronunciare debet, 2. plerumque natio servi aut provocat, aut deterret emptorem, idcircò interest nostra scire nationem; præsumptum enim est quosdam servos bonos esse, quia nationis sunt non infamata, quosdam malos videri, quia ex natione sunt quæ magis infamis sit, quod si ita de natione pronunciatum non erit, judicium emptoris omnibusque ad quos ea res pertinebit dabitur per quod emptor redhibeat mancipium.*

Du vouloir & consentement du Pere & Mere de ladite Demoiselle.

1. *Autrefois pour la validité du Mariage le consentement des Peres & des Meres étoit necessaire.*

2. *Les Loix des 12. tables ordonnoient des griéves peines à ceux qui portoient les enfans à se marier sans le consentement de leur pere & mere.*

3. *Il est deffendu aux enfans par les Edits de S. A. R. de se marier contre le gré de leurs Parens, sous peine d'étre privez de leur légitime.*

4. *Le droit Canon a derogé au droit Civil.*

5. *La femme est au mari, non pas au pere.*

1. PAr le droit de nature & Civil, il est commandé aux enfans de famille de se marier du con-

fentement de leurs peres & meres, *nam hoc fieri debere, & naturalis, civilis ratio fuadet, in tantùm ut jus parentis præcedere debeat*, dit l'Empereur.

2. Les Loix des 12. tables ont ordonné de griéves peines à ceux qui induifoient les enfans de famille de fe marier fans le fçeu & confentement de leurs parens, auffi Plaute in Perfa , *act. 3. cœna 1.* dit:

Virgo atque mulier nulla erit quin fu mala
Quæ præter fapiet quam placet parentibus.

Lefquelles loix ont efté gardées inviolablement.

Matrem eam dimitte jube autem eam nubere
Illi cuicunque Pater jufferit, & ipfi placuerit.

Quintillien n'a voulu donner autre demonftation pour un parfait mariage, que le confentement du Pere & de la Mere, auffi dit-il en ces mots : *vis fcire quid fint nuptiæ, afpice illam virginem quam pater tradidit.*

Le Roy Cyrus montre comme il avoit cette loy en recommandation , car ayant efté feftoyé par le Roy Xerces qui luy offrit fa fille en mariage, avec le Royaume de Mede en dotte , il luy répondit qu'il n'oferoit accepter cét offre fans l'avis & confentement de fon Pere & Mere : les anciens Patriaches Abraham , Ifaac & Jacob ne fe font mariez que par le confentement de leurs parens , Efaü pour ne l'avoir fait, a efté maudit.

3. Nos Princes Sereniffimes, par Edit ont défendu aux enfans de famille de fe marier fans le vouloir & confentement de leurs Peres & Meres.

4. Toutesfois pour la validité du mariage, le confentement du Pere & de la mere n'eft neceffaire par le droit Canon , parce que le mariage eft une chofe libre qui ne depend de la volonté d'autres perfonnes que des contrahants, cecy même a efté confirmé par

la bouche de Nôtre Sauveur, en ces mots : *Relinquet homo patrem & matrem suam & adherebit uxori suæ.*

5. La femme estant plus chere que le pere & la mere, car si bien le pere veut mener la femme de son fils, chez luy, il ne le peut faire sans son consentement, *Quia uxor est viri non patris.* Aussi Quintilien *declamatione* 259. dit : *Virgo non ad Patrem nupta, sed ad maritum pertinet.*

Et comme il est de loüable coûtume en ce Païs de constituër dotte & mariage aux filles pour supporter plus facilement les charges du du mariage.

1. *Loüable coûtume de constituër dotte aux filles.*
   Anciennement aux mariages l'on n'avoit aucunement égard aux dottes
2. *La necessité maintenant fait que les filles doivent estre dottées.*
3. *Le mary doit nourrir sa femme, quoique sans dotte.*
   Il la doit habillier selon sa condition.
4. *Il la doit faire medicamenter.*
5. *Explication de la loy* Quod in ægram. C. *de negot. gest.*
6. *Le mary doit faire ensevelir sa femme.*
7. *Le mary est tenu de racheter sa femme.*

1. C'Est une loüable coûtume de constituër dottes aux filles, car comme le corps & les esprits des mariez doivent estre unis ensemblement aussi faut-il que les biens le soient : & combien que la dotte ne soit chose essentielle pour le mariage, ainsi qu'il est porté par la loy *fin. C. de donat. ante nuptias* toutesfois elle sert comme d'un lien pour noüer plus facilement les amitiez entre le mari & la femme.

Anciennement aux mariages on n'avoit aucune-

ment égard à la dotte, mais seulement aux perfections des filles qu'on vouloit épouser ; aussi Licur-
gus ordonna par une loy expresse que les filles fussent reçûës en mariage sans dotte, afin que les pau-
vres & les riches eussent moyen de trouver parti.

2. Mais comme la necessité des tems a fait que l'on
eût besoin des richesses pour se maintenir, & soute-
nir contre les divers accidens qui arrivent journel-
lement, les loix civiles ont advisé qu'il estoit expedient que les femmes fussent dottées, comme estant
le principal interest du public, aussi le Jurisconsulte
dit, *interest reipublicæ dotatas esse mulieres ad repleñ-*
dam liberis civitatem, qui semble autant dire, *que*
pour supporter les charges du mariage: car ce seroit une
chose messeante à un Pere de mettre des enfans au
monde sans prevoir pour les nourrir, & alimenter:
c'est pourquoy ce n'est pas le tout de se marier, mais
il faut penser aux charges qui suivent le mariage.

3. En premier lieu il faut que le mary nourrisse sa
femme, soit dottée, ou sans dotte, n'estant fait joüis-
sant des fruits de la dotte par disposition de droit, sinon pour son entretien, *l. dotis fructus, ff. de jur. dot.*
sans avoir aucune action pour la repetition d'iceux,
sibi enim imputare debet cur indotatam acceperit, dit la
loy : & non seulement il est tenu & obligé de l'entretenir dans la maison, mais encore dehors, si tant est
que la femme ne puisse habiter avec luy à cause de
ses mauvais traitemens, Boër. *decis.* 195. *n.* 7.

De plus le mary est tenu de l'habiller selon ses
commoditez, facultez & condition, veuque les vête-
mens sont compris sous le nom des alimens.

4. Tiercement, il l'a doit soulager & medicamenter pendant sa maladie, *l. quod. in ægram, C. de negot*
gest. quod in ægram uxorem impendisti, non à socero repe-

tere, sed affectioni tua debes impendere : pour l'intelligence de cette proposition il faut faire difference avec les Docteurs, si la maladie est de durée, ou non; car si elle est de peu de tems, alors le mary ne peut repeter les medicamens fournis à sa femme. Que si la maladie est longue, & que pendant icelle la femme ne puisse faire aucun service à son mary, si elle est pauvre, il ne pourra repeter tels dépens : que si elle a quelque dotte, il pourra demander les fournitures qui excederont la dotte, à son Pere qui a dequoy, *quia officium paternum est alere filias :* que s'il n'a rien, il ne pourra estre contraint par son beau-fils *nisi in quantum facere potest, l. hoc ita accipiendum, ff. de rejudic.* que si le mary a fait des fournitures qui excedent l'interest de la dotte, alors le surplus sera imputé à la dotte, le mary n'estant tenu ny obligé de la rendre ny restituër, sinon compte fait de ce qu'il a depensé outre les interests.

Quant à l'étranger qui n'est pas obligé à aucuns alimens, comme le frere, si le mary depense quelque chose pour la maladie de sa femme, même outre la dotte, s'il n'a fait aucunes protestations de vouloir repeter ce qu'il a depensé du sien, *debet affectioni sua impendere,* Chassan. *in Constitut. Burgund. des droits appartenans à gens mariez.* §.23. Socin *conf.*226. Ubertus de Bobio, au raport de Cujas, sur l'explication de cette loy, fait une distinction, à savoir si le Pere a constitué la dotte à sa fille, ne l'ayant pas delivrée, alors le mary n'est pas tenu aux alimens & medicamens, *quia* dit-il, *deceptis, non decipientibus, subvenitur :* à quoy semble faire l'authentique *de non eligengo secundo nubentes,* §. *illud quoque.*

Que si la dotte a esté donnée au pere du mary, il sera tenu de supporter les charges de mariage, Angel. *conf.*75. *col.*2. *verf. fufficit enim , textus in leſſ quis à liberis, §. fin. ff. de lib. agnoſcend.* Baldus *,in l. ubi, C. de jur. dot.* parce que celuy qui perçoit les fruits , doit ſupporter les charges de mariage , & a les mêmes actions que le mary , touchant les fournitures par luy faites.

6. En quatriéme lieu, le mary doit faire enſevelir ſa femme , ſinon qu'elle aye dequoy : car l'heritier doit fournir pour les funerailles, ſelon la même loy, *quod in agram,quod autem infunus impendiſti, ab hæredibus repetere debes.*

7. Cinquiémement,le mary eſt tenu de racheter ſa femme , ſi toutesfois il a donné pour ſa raçon plus que les fruits de la dotte ne montent , ou la dotte même , il pourra repeter le ſurplus à ſes heritiers , pourveu toutesfois qu'il aye proteſté,*quia id donandi animo feciſſe non videtur :* la raiſon eſt que la mere rachetant ſon fils , ſi elle proteſte de le repeter , elle retirera ce qu'elle a donné pour ſa rançon : donc qu'à plus forte raiſon le mary qui n'eſt pas tant obligé à ſa femme , que la mere à ſon fils , le pourra repeter, *l. ſi liber captus* 17. *C. de Captivis.*

❧❧❧❧❧❧❧❧❧❧❧❧❧❧❧❧❧❧❧❧❧❧

Pour ce eſt-il que ce jourd'huy par devant moy Notaire , perſonnellement établis Noble & puiſſant Seigneur ; & tres-haute Dame , Pere & Mere de ladite Epouſe,leſquels ont conſtitué dot & mariage à leur fille

---

1. *C'eſt le devoir du Pere de dotter ſes filles.*
2. *Les Parens de la fille peuvent adir le Juge afin qu'il contraigne le pere d'aſſigner la dotte à ſa fille.*
3. *Le Juge peut contraindre le pere de donner dotte & ſi le pere re-*

fuse, l'on pourra saisir des biens à cét effet.

4. *Le pere pourra estre emprisonné & detenu aux prisons jusques à ce qu'il aye satisfait au jugé.*

5. *Le mariage spirituël joüit des mêmes privileges que le charnel.*

6. *Le mariage spirituël détruit le temporel, pourveu qu'il ne soit consommé par la copulation charnelle.*

7. *Le l'ere n'est tenu de donner aucune dotte à son fils entrant en religion.*

8. *Le Monastére pourra demander au Pere les alimens pour nourrir son fils Religieux.*

9. *Le Pere n'est pas obligé de dotter sa fille si elle se débauchée; pourveu que ce ne soit par sa faute.*

10. *Le Pere ayant une fille riche d'autre part que du sien, est obligé de la dotter.*

11. *La constitution pour tous les biens paternels & maternels n'opere que pour les paternels : autre chose est, si la mere, & le frere constituent la dotte aprés la mort du pere.*

12. *Si le pere est obligé d'augmenter la dotte à sa fille, étant devenu plus riche.*

13. *Le pere ayant constitué par deux fois la dotte à sa fille, il n'est pas tenu de luy donner que la seconde dotte.*
   Le pere naturel n'est pas obligé de dotter sa fille bâtarde.

14. *L'Ayeul paternel est obligé de donner dotte à sa petite fille.*

15. *Le pere peut pactiser avec son Beau-fils de ne donner la dotte sinon aprés sa mort.*

16. *Le pere doit loger la dotte de sa fille en assurance, car autrement il sera tenu de luy en donner une seconde.*

17. *L'Etranger n'est pas tenu de donner une seconde dotte encor qu'il la donne par le commandement du Testateur.*

I. C'Est le devoir du pere de dotter ses filles, *l. qui liberos, ff. de rit. nupt.* Et les parens de la fille pourront convenir le Pere devant le Juge, 2. afin qu'il la constituë, *l. si cùm dotem, §. sin autem, ff. solut. matrim.* même le Juge pourra saisir des biens du pere à cet effet, 3. en cas de refus le faire detenir en prison, jusques à ce qu'il aye satisfait au jugé, 4. encore qu'elle se soit mariée contre le gré de son pere : la raison est que la Loy ayant obligé le pere de dotter fa fille, le Juge le condamnant , il ne fait que fuivre l'intention de la loy, *obligamur* , §. *lege* , *ff. de obligationibus* , *& actionibus* , le pere ne pouvant dejetter fa fille pour s'être mariée contre fon gré : en quoy eft corrigé le §. *Si alicui auth. cum de appel. cognof.* car maintenant il fe faut tenir au droit Canon en ce qui regarde les mariages non pas au droit Civil , *glof. fingularis. in §. hactenus inftit. de grad. affinit.* Hoftienfis , Joannes Andræas , & DD. communiter *in cap.* I. *ext. de defponfat. impub.* Jafon *in auth. fed fi poft C. de inof. teftam.* & même quand la fille auroit époufé un homme qui ne feroit de fa condition , étant abrogée la coûtume , ftatut , ou loy municipal , qui permet au pére d'exhereder fa fille qui fe marie fans fon confentement , Alexander *conf.* 97. *in princip. & poft eum* DD. *communiter.*

5. Ce qui fe dit du mariage temporel , s'obferve auffi au fpirituël : le fpirituël joüiffant des mêmes priviléges , & mêmes plus grands , le mariage fpirituël détruifant le temporel , pourveu que la copulation charnelle ne s'en foit fuivie.

6. Tellement que le pére eft tenu de dôner dot à fa fille Religieufe , de même que fi elle s'étoit mariée.

7. Toutesfois fi le fils fe rend Religieux , le pére ne fera contraint de luy en donner aucune : la raifon en eft , que la dotte fe donne aux filles, non pas aux mâles , afin de pouvoir trouver parti : 8. Que fi le Monaftére eft pauvre , il faut que le Pére donne au Monaftére pour l'entretien de fon fils qui s'eft fait Religieux : Benedictus *in cap. Rainutius , in verbo dotem quam ei dederat , n.* 10. *&* 11.

9. Que fi la fille fe débauche, le Pére ne fera tenu de luy en donner aucune , pourveu qu'il n'y aye de fa faute : car s'il ne la marié lors qu'elle étoit nubile,

ſi elle ſe méfait, il ſera obligé de la dotter : il eſt vray que la loy a limité un tems aprés lequel, ſi la fille vient à s'oublier, le Pére eſt tenu de lui donner dotte, qui eſt aprés vingt-cinq ans, ſuivant l'opinion des Philoſophes anciens, qui diſoient que le tems propre à l'homme étoit de ſe marier, dés 30. ans, juſqu'à 36. & aux femmes, dés 25. juſqu'à 30. car il faut que l'homme ſoit plus avancé en âge que la femme, c'eſt pourquoy Eſiode parle de la ſorte :

Ætate naturâ uxorem ducito domum, neque multò minor triginta annis, neque multò major : iſta enim tempeſtiva ſunt nuptiæ.

Mais comme maintenant la vie de l'homme eſt grandement courte, la nature ſe hâte de faire ſes fonctions, c'eſt pourquoy il faut ſuivre l'ordre qu'elle a preſcrit : tellement que ſi la fille vient à ſe méfaire aprés l'âge de douze ans par la faute du Pére qui ne la mariée, il ſera tenu de la dotter : de même ſi la fille débauchée s'amende, & quitte ſon peché, *cap. inter opera charitatis, ext. de ſponſal.*

10. De plus ſi le pére a une fille riche d'autre part que du ſien, par exemple, de quelque hoirie qu'il luy a été donnée, il ſera néanmoins obligé de luy donner une dotte du ſien, par les loix ſuſdites : & ne fait au contraire la loy *ſi cùm dotem*, §. *ſi pater*, ff. *ſolut. matrimon.* où il eſt dit que ſi le Pére a retiré la dotte de ſa fille contre ſa volonté, s'il l'inſtituë héritiere, ou vrayement luy fait un legat, il ſemble que tel legat eſt fait en compenſation de la dotte qu'il a retiré : à cela Balde répond *in l. ult.* que ſi bien le Pére a une fille riche, il eſt tenu de la dotter du ſien pour ſatisfaire à ce que le droit de nature, & Civil l'obligent. De plus on pourroit dire que lors que quelqu'un eſt obligé doublement ; à ſçavoir,

comme principal, aprés, comme caution; s'il paye, ne faifant mention pourquoy c'eſt, il eſt préſumé de l'avoir fait : en premier lieu, à ſon propre & privé nom : en ſecond lieu, ſi quelqu'un eſt obligé pour deux cauſes, *una duriore, & altera mitiore*, venant à payer ſans exprimer pourquoy c'eſt, il eſt préſumé d'avoir ſatisfait *ex cauſa duriore, text. in l. et magis, & l. ſeq. ff. ſolutionibus*. or eſt-il que le Pére eſt obligé doublement, en premier lieu par le droit de nature qui l'aſtraint de dotter ſa fille : d'alieurs, comme ſon débiteur; tellement que la dotte conſtituée eſt cenſée du ſien, non pas du bien de ſa fille.

II. D'où il faut inferer que ſi bien dans le contrat dottal il eſt dit, que le pére & la mére conſtituent dotte, elle eſt conſtituée par le pére tant ſeulement pour ſes biens, la mére n'étant obligée de donner dotte à ſa fille; & ſi bien la mére eſt obligée dans le contrat avec le pére, elle doit être entenduë s'obliger comme caution tant ſeulement, ſans que l'on puiſſe induire pour cela la dotte être des biens de la mére, *nam quoties duo correi fiunt debendi pro negotio quo ad alterum dumtaxat pertinet, pro fidejuſſore habetur is ad quem negotium non pertinet*, Bartol. *in l. reos, de duobus reis*. Que ſi l'on voit qu'elle ſurpaſſe ce que le pére peut donner à ſa fille, alors le ſurplus ſera cenſé avoir été conſtitué par la mére. Que ſi la dotte conſtituée par le pére & la mére eſt à proportion de ce que le Pére peut donner, & à l'égard de la légitime quē la mére doit laiſſer à ſes enfans, la conſtitution ainſi écrite eſt reputée avoir été faite pour les biens paternels & maternels. Que ſi le Pére a pluſieurs filles, & que l'on prouve qu'il aye donné du ſien aux autres autant qu'à la derniere, ſans que la mére ſoit compriſe dans le contrat, il ne faudra s'informer des richeſſes du pére, ſinon qu'il ſe ſoit apauvrit par l'injure du tems : tellement que ſi bien la fille renonce aux biens paternels & maternels, même avec ferment, telle renóciation ſera inéficace, & nonobſtant icelle, elle pourra être relevée par benefice du Prince, ſi tant eſt qu'il y aye leſion é-norme, ou énormiſſime, étant diſpenſée du ferment, ſoit qu'elle ſoit majeure, ou mineure ; c'eſt la cómu-ne opinion des Docteurs, autoriſée par les Cours Souveraines, notáment de nôtre Sénat, au raport de Mr le Préſident Favre, *def. 7. Cod. de dot. promiſ.*

Que ſi aprés la mort du pére, la mére & le frére conſtituent dotte, elle ſera auſſi-bien conſtituée pour les biens maternels que fraternels : car la con-ſtitution de l'Empereur Juſtinien ne peut avoir lieu aprés la mort du pére, qui, par diſpoſition de la loy, doit dotter ſa fille : car ſi bien le frére eſt héri-tier du pére, toutesfois il n'eſt pas obligé de luy laiſſer la part & portion que luy pourroit apartenir des biens paternels, D. Faber, *def. 1. C. eod.* Que ſi la mére conſtituë dotte à ſa fille, & ce pour tous biens paternels & maternels, elle ne pourra être cenſée avoir été conſtituée pour les biens paternels tant-ſeulement, encore que la fille pourroit avoir des biens de ſa mere qu'elle luy a promis tant pour les biens paternels que maternels, *idem def. 10. C. eod.*

12. Que ſi le Pere lors qu'il conſtituë dotte à ſa fille eſt pauvre & en aprés devient riche, ſçavoir s'il eſt obligé de la luy augmenter : ſur quoy il faut faire di-ſtinction, ou celuy qui demande intente ſon action pour l'augmentation de la dotte ; & alors il eſt non recevable de demander plus que l'on ne luy a con-ſtitué, encore que aprés la conſtitution le pere ſoit devenu plus riche, par les raiſons ſuivantes.

En premier lieu, que en matiere de pactions, l'on regarde le tems du Contrat tant feulement: or eſt-il que du tems du Contrat dottal, le pere ne pouvoit donner d'avantage que ce qu'il a conſtitué à ſa fille; doncques par neceſſaire conſequence il ne peut être contraint à plus. La ſeconde raiſon eſt, que ſi le Pere ayant dotté ſa fille, devient pauvre, l'on ne diminuëra la dotte pour autant, ſinon que le premier mary eſtant mort ſi le Pere eſt déchû de ſes commoditez, il ne ſera tenu de conſtituër au ſecond plus que ſes facultez luy permettent. *auth. ſed quamvis C. de rei uxor. act.*

Que ſi aprés la mort du pere, la fille demande le ſupplement de ſa legitime, ſi elle n'a renoncé à l'hoirie de ſon pere, elle eſt recevable à ſa demande, en conferant en la maſſe hereditaire ce qu'elle aura reçeu de ſon Pere: que ſi elle a renoncé, elle n'y pourra venir : que ſi telle renonciation eſt reſcindée pour cauſe de leſion énorme, ou énormiſſime, l'on prendra ſupplement de la legitime ſur tous les biens du pere; que ſi lors du contrat elle a été ſuffiſamment dottée, ſi bien le pere eſt devenu grandement riche du depuis il n'y aura lieu à aucune leſion, ſoit énorme, ou énormiſſime, Pap. *arreſt.* 1. *Tit. des filles mariées*, & ſe pratique par nôtre Senat, ainſi que dit Monſieur le Preſident Favre *def.* 23. *C. de inof. teſt.*

13. Que ſi le pere a conſtitué dotte à ſa fille pour deux fois, & qu'il ne l'aye payée, il ne ſera tenu que de luy donner la ſeconde, encore que l'on aye fait mention de ſa premiere au contrat dottal, *l. dotem, ff. de jur. dot.* Guid. Pap. *q.* 375. *n.* 3.

14. Ce qui eſt dit du Pere touchant la dotte qu'il doit donner à ſa fille par diſpoſition de droit, ſe doit entendre du pere naturel, & legitime tant ſeulement;

veu que le pere naturel n'est pas obligé d'en donner aucune à sa bâtarde, mais tant seulement les alimens, *modò non sit industriosa* : car alors il ne luy doit donner aucune chose.

Non seulement le pere est obligé de dotter ses filles, mais encor l'Ayeul : en quoy il faut faire distinction du paternel & du maternel, veuque le paternel est obligé de dotter sa petite fille, à sçavoir, si le pere n'a dequoy : que s'il le peut, il les doit dotter, non pas l'ayeul, parceque le pere est plus proche à sa fille que l'ayeul paternel ; mais quand au maternel il n'y est pas obligé : c'est la distinction que font les Docteurs sur la glose, *in l. fin. C. de dot. promis.*

Tellement que le pere & ayeul paternel sont obligés de dotter leurs filles, non pas l'ayeul maternel, *l. mater. ff. de jur. dot.* sinon que le pere n'aye dequoy le faire. De même le frere n'est obligé de le faire, sinon qu'il soit grandement riche, & la sœur extremement pauvre, *gloss. in l. cùm plures, §. penult. ff. de administrat. tutor.* En troisiéme lieu, le fils ne doit dotter sa mere, & prester ayde, *ut manes patris contristentur*, Angel. & DD. *in l. 1. ff. solut. matrim.* luy devant fournir des alimens tant seulement.

La fille venant à se marier, outre la dotte qu'il luy doit donner du sien il faut aussi qu'il relâche tout ce qu'il luy aura été donné, soit par legat, testament, succession ou autrement, DD. *in l. divisione, cum l. seq. ff. solut. matrim. & quando dies legat. cedit, C. & ff.*

15. Si bien par disposition de droit le pere est obligé de dotter sa fille, toutesfois il peut pactiser avec son beau-fils de donner la dotte quand bon luy semblera : par exemple, de ne la donner sinon aprés sa mort, comme il est decidé par la loy *nepos proculo, ff. de verb. signific.* la raison est que le mary estant

maître des fruits de la dotte de fa femme, il lès peut donner comme bon luy femble : & ainfi a efté jugé par le Senat le 13. feptembre 1638. entre le procureur Debalmetis, & honorable Paul Fontanal, fon beau-fils, qui fut debouté des lettres Ducaux par luy obtenuës pour la caffation de la paction faite entre luy & fon beau-pere.

16. Le droit n'a pas feulement obligé les peres de conftituër dotte à leurs filles, mais encore les a aftraint de la mettre en affurance : car fi elle vient à fe perdre, il fera tenu de luy en conftituër une nouvelle : en quoy il faut faire deux diftinctions, à fçavoir, fi elle eft perduë par la faute du pere, qui n'a pas pris garde à qui il l'a mariée, & fi le mary avoit dequoy affurer le mariage, & donner des hypotheques pour la manutention. Que fi elle eft perduë par la faute de la fille, le pére ne fera tenu d'en donner une feconde : mais quant aux héritiers du pére, quoyque étrangers, fi elle fe pert fans la faute de la fille, ils feront tenus d'en donner une feconde, DD. & Gloff. *in l. 2. §. 1. in verbo dos ff. folut. matrim.* Senecdevin, *§. fuerat, inflit. de act.* Bartol. *in l. fi cùm dotem, §.1. n. 3. ff. folut. matrim.* Mr Compefius, au traité qu'il a fait des Dottes, *part. 1. q. 15.* dit que fi l'on a délivré la dotte à la fille contre le gré du pére, fi elle fe perd, *etiam dolo malo,* qu'il ne fera tenu d'en donner une feconde, *argum. legis, fi cùm dotem, §. 1. ff. folut. matrim.*

Que fi le pére charge fon héritier, que cas avenant que fa dotte fe perde, il foit tenu d'en donner une feconde, il ne fera tenu que de donner la legitime à la fille pour la feconde fois, non pas tout autant que le pére luy a légué, *l. fideicommiffi, xi §. fi quis decem, ff. de legat. 3.*

Tellement

Tellement que le pére n'eft pas obligé de donner une feconde dotte à fa fille, finon au cas fus deduit, encore qu'elle fe remarie plufieurs fois, & conftituë dotte à fes maris; car il n'y en a qu'une qui a été conftituée au premier, fi bien elle a été repetée aux autres, d'autant que la dotte tient lieu de légitime, qui ne fe doit qu'une fois. Toutesfois s'il y a des pactions entre le pére & la fille, qu'il payera toutes les dottes conftituées, il fe faudra tenir aux cóventions, *l. fi cùm dotem ff. de jur. dot.* Guid. Pap. *q.* 375. *n.* 2.

17. Que fi un étranger par commandement du teftateur, ou autrement donne la dotte à une fille, fi elle fe pert, il n'eft pas tenu de la redotter, parce qu'elle eft donnée tant-feulemét par cómandement & difpofition de l'homme : mais le pére qui conftituë la dotte à fa fille, le fait comme contraint par la loy, *l. fi cùm dotem*, §. 1. *ff. folut. matrim.* Toutesfois pour lever toute crainte, & faire plus prudemment, fi on voit que le mary foit mauvais ménager, & que l'on craigne qu'il ne la confume, la femme fera apellée, pour fçavoir fi elle veut que l'on la donne au mary, & que fi elle y confent, l'on la pourra donner affurément fans encourir aucun danger : que fi elle n'y confent pas, il faudra qu'il la garde, & en paye les changes jufques à ce que le mary aye trouvé un fonds capable pour fon affurance.

Mais le Juge qui doit avoir l'œil fur tout, s'il voit que le mary faffe mal fes affaires, encore que la femme confente que l'on délivre la dotte à fon mary, il ordonnera néanmoins qu'elle foit mife entre les mains d'une perfonne receante & folvable qui en payera les interêts, afin que la femme & le mary fe puiffent entretenir, D. Fab. *def.* 30. *C. de jur. dot.*

Que fi l'augment fe pert avec la dotte, l'on ne

C

fera tenu de la rendre à la fille , *quia non eadem eſt ratio augmenti atque dotis*, le pere n'eſtant tenu de donner l'augment à ſa fille , mais le mary.

Preſente & acceptante.

1. *Il faut que celuy en faveur de qui le Contrat eſt fait , ſoit preſent & acceptant.*
2. *Cette régle reçoit limitation en faveur de l'Egliſe, & des dottes, n'étant beſoin que la femme ſoit preſente & acceptante pour la validité du Contrat.*
3. *La femme a l'hypotéque tacite ſur les biens de ſon mary , pour la reſtitution de la dotte , augment, bagues & joyaux.*
4. *La femme ne peut faire préjudice , ny renoncer à ſes hypotéques legales.*
5. *La femme eſt preferée aux créanciers, ayant l'hypotéque tacite.*
6. *La femme eſt preferée aux créanciers qui ont prêté pour faire des réparations.*
7. *Quand le fond dotal peut être alliené.*
8. *La matiere de la dotte ſe doit traiter ſommairement.*
9. *L'on ne peut rétarder le payement de la dotte ſous prétexte que la femme a enlevé les choſes héreditaires.*
10. *La fille peut citer en jugement ſans la licence de ſon pére , & demander la dotte adventielle.*
11. *Le J. C. Velleien n'a lieu en matiere de dotte.*
12. *La femme legataire de tous les biens du teſtateur , peut demander ſa dotte.*
13. *La dotte incertaine ne fait que le Contrat ſoit moins valable.*
14. *Les donnations à cauſe de nopces n'ont beſoin d'inſinuation.*
15. *Le mineur peut obliger ſes biens pour la dotte.*
16. *La matiere des dottes ſe peut traiter par devant les Cours Souveraines en premiere inſtance.*
17. *L'on ne peut venir ex actione indebiti , en matiere de dotte.*
18. *Les biens ſujets à fideicommis peuvent être alienez pour le payement de la dotte.*
19. *La preſence oblige.*
20. *Le fils de famille ne ſe peut ſervir du J. C. Macedonien , ſe ſans obligé pour la dotte.*

21. La curateur promettant pour la dotte de sa mineure plus que les forces de l'hoirie ne peuvent porter, il est tenu de donner le reste du sien.

22. La dotte ne peut estre chargée d'aucun fideicommis.

23. La chose dotale ne se peut leguer.

24. En cas d'assecuration, l'on peut offrir à la femme.

25. La femme peut agir contre les titres possesseurs, avant que sur les biens de son mary.

26. L'institution d'un héritier peut être faite dans un Contrat dottal, & est valable.

27. La donnation de tous biens present & avenir, est valable en faveur de la dotte.

28. La donation entre le pére & le fils est valable.

29. La donnation à cause de nopces ne peut être revoquée pour cause d'ingratitude, non plus que par la naissance des enfans.

30. L'on peut éxecuter sur la dotte de la femme pour les creances par elle faites, aprés qu'elle a été mariée.

31. La dotté ayant été donnée, encore que le mariage n'y soit suivy, a les mêmes privileges que s'il avoit été accomply.

32. Le pact de la loy commissoire, n'est pas reprouvé en faveur de la dotte.

33. La difference du legat pour se marier, si elle se marie, & quand elle se mariera.

34. L'hypotheque expresse sur les biens du mary commence dés le jour du contrat dotal : non pas du jour du payement de la dotte. Voyez le nombre troisiéme.

35. L'on ne peut opposer peremption d'instance en matiere de dotte.

36. Les femmes heretiques ne joüissent des Privileges accordez par les Empereurs, à cause de leurs dotes.

1. **P**Ar disposition de droit il faut que celuy en faveur de qui la stipulation est faite, soit present, & l'accepte, le Procureur constitué pour luy, ou le Notaire, autrement le contrat est nul, & de nul effet, *quia nemo alteri stipulari potest*, §. *alteri, instit. de obligat.* aussi Ciceron dit *in topicis defendi posse non esse deditum qui non sit acceptus, ne sine acceptatione deditionem esse*, toutesfois cette regle souffre quelques limitations & exceptions.

2. En premier lieu, en faveur de l'Eglise, parceque encore que l'Eglise, ou Convent en faveur de qui l'on contracte, ne soit present ou acceptant à la stipulation, toutesfois la loi feint *tacitam intervenire stipulationem*, & les contrats qui sont faits en sa faveur sont censez être faits avec Dieu, qui est en tout & par tout : c'est pourquoy les Poëtes disent,

Jupiter est quodcunque vides quocumque moves :

& c'est la commune opinion des Docteurs, Baldus, *in l. illud 17. C. de sacrosanct. Eccles.* Tiraquel. *de privil. pia causa privil.* 115.

Ce qui est dit de l'Eglise a aussi lieu aux dottes des femmes par privilege special, la dotte estant comme chose pieuse, aussi Symmachus disoit fort bien, *religiosa potiùs quàm invidiosa quæstio quæ fidem repetit nuptiarum*, n'ayant pour autre but que la conservation des familles : & un autre ancien *etiamsi tacuerim scitis contineri civitatem his populos, his liberos, his successionem patrimoniorum, his gradum hæreditatum.*

La raison qu'en donne la loi, est qu'en faveur de la dotte, comme cause pie, elle tient aussi *tacitam intervenisse stipulationem*, encore que la femme ne soit presente au contrat dotal, *& ita communiter DD.* au rapport de Minsinger §. *fuerat, instit. de act.*

3. Le second privilege est que la femme a tous les biens de son mary obligez pour la restitution de la dotte, augment, bagues, joyaux, trossel & fardel : & sur iceux a l'hypotheque tacite, qui est ditte legale introduite par la loy en faveur des femmes, lequel privilege ne se transmet aux estrangers, mais appartient aux descendans tant seulement, *l. unic. ff. de privil. dot.* & *ib. Gloss.* & *DD.* & telle hypoteque commence dez tems du payement de la dotte tant seu

lement , & non pas dez la paſſation du contrat dotal, *Gloſſ. in l. aſſiduis, in verb. hypothecam, & argum. l.*
cùm oportet, §. fin. C. de bon. quæ liber. mais quant à
l'expreſſe elle commence dez le tems du mariage
conſommé , *l. 1. qui pot. in pig. habeant.*

4. Troiſiémement , la femme ne peut faire aucun
préjudice , ni déroger à ſes hypoteques legales, qui
ſont ſur tous les biens de ſon mary, encore que l'on
luy aye aſſigné une hypotheque ſpciale pour l'aſſecu-
ration de ſa dotte n'étant obligée à la diſcuſſion de
la ſpeciale , avant qu'agir ſur la generalité des biens
delaiſſez par ſon mary , ſi bien dans le contrat ces
mots ne ſont portez , *la ſpeciale ne derogeant à la gene-*
ralité , ny au contraire , l. 2. ff. de pig. D. Fab. det.ult.
C. de privil. dot.

Mais la principale difficulté eſt , ſi la femme peut
renoncer à ſes hypotheques ſepeciales, en faveur
des creanciers de ſon mary, ou de ſon mary méme:
l'on dit qu'oüy , *l. etiam* 11. *& l. jubemus* 21. *C. ad*
Velleianum. Toutesfois il faut entendre cecy , ſi le
mary a des biens à ſuffiſance par le moyen deſquels ,
nonobſtant telle renonciation , la femme ne ſoit en
perte de ſa dotte , *Auth. ſive à me, & auth. ſi qua mu-*
lier C. ad Velleianum : mais ſi elle ſe trouve lezée par
telle renonciation , & que la condition ſoit faite à
ſon préjudice , nonobſtant la clauſe commune que
les Notaires ont coûtume de mettre dans leurs
contrats , *renonçant à l'autantique ſi qua mulier , à elle*
donné à entendre, elle pourra être relevée par le benefice du Prince , étant diſpenſée du ſerment apoſé au
contrat.

5. En quatriéme lieu , la femme eſt preferée à tous
autres créanciers , quoyque anterieurs , ayant l'hypotheque tacite tant ſeulement : car s'ils l'ont ex-

preſſe, alors *prior tempore eſt potior jure*, *l. aſſiduis &*
qui pot. in pignor. habeant, lequel privilege eſt ſeulement tranſmiſſible aux enfans nés de ce mariage, &
non pas aux autres heritiers, pas même au mary, s'il
étoit heritier de ſa femme, *Gloſſ. in l. 1. §. 1. ff. de rei*
uxor. act. in verb. ex utroque.

6. Le cinquiéme privilege eſt, que la femme eſt
preferée aux creanciers qui auront preſté pour faire
des reparations à une maiſon, navire, ou autre choſe, Novel. *de qualit. doris, & donat. propter nuptias, §.*
is conſequens, in verbo unde volumus : & faut ſupoſer
que la femme ſoit anterieure : car pour les reparations les poſterieurs creanciers ſont preferables aux
anterieurs, *quia ſalvam fecerunt pignoris cauſam*, Gloſſ.
in l. aſſiduis, in verbo licet anterior. ſint, *C. qui pot. in*
pig. hab. Il y a quelques Docteurs qui veulent dire
que tel privilege doit être entendu *de creditore chiro-*
graphario, auth. quod jur utatur. C. qui pot in pig. hab.
l'on apelle *creditores chirographarios*, ceux à qui la
ſeule action perſonnelle apartient ; car aux créanciers qui ont droit d'hypoteque, il y a autre raiſon.

7. Sixiémement le fonds dotal ne peut être aliené
par le mary ; & la femme pourra récourir contre
telle vente, *par revindication*, encore qu'elle y aye
conſenti, *§. inſtit. quibus licet alienar. vel non vetant.*
ſcilicet lege Julia de fundo dotali non alienand. Toutesfois il pourra être vendu *ad dotis cauſam meliorem fa-*
ciendam, & ce avec les ſolemnités requiſes, ſçavoir
par autorité du Juge, & avec connoiſſance de cauſe.

Que ſi le fonds eſt eſtimé, le mary le pourra ven-
dre étant comme acheteur du fonds dotal eſtimé,
étant aſſez à la femme d'avoir pour aſſurance du
prix, les biens de ſon mary ſans qu'elle puiſſe retourner ſur le fonds dotal, notamment s'il a été

eftimé lors qu'on l'a donné en dotte, fi la femme a confenti à telle vente avec fon mary, pourveu qu'il aye deqoy pour l'affurance de la dotte ; car s'il eft pauvre, & qu'il n'aye des fonds à la concurrance de la dotte, la femme pourra agir par revindication fur fon fonds, nonobftant le ferment apofé au contrat, dont elle fera relevée par benefice du Prince ; finon aux acheteurs de recourir fur le fonds du mary, D. Fab. *def.* 43. *C. de jur. dot.*

Mais fi telle eftimation n'eft faite finon pour fçavoir combien vaut le fonds lors que l'on le donne au mary : alors ils font inalienables, par la loy *quoties,* *C. de jur. dot.* encore que la femme aye confenti avec ferment. De plus fi dans le Contrat il a été dit, que tel fonds feroit rendu le cas de reftitution advenant, alors il eft inalienable, Rolandus à Valle, *conf.* 92. *n. 6.*

8. Septiémement la matiere de la dotte fe doit traiter fommairement ; & fi le Juge voit que l'affaire prenne long trait, il doit adjuger promte provifion à la partie demandereffe, & ainfi le Senat a jugé au mois de Novembre 1636. entre le fieur Medecin Bertier de S. Genis, & fa Sœur, qui demandoit la caffation du Contrat dottal fait par elle, fon frere l'ayant fait renoncer à la fucceffion de fon pere & mere, & frere, pour peu, en quoy elle difoit avoir été lezée.

9. En huitiéme lieu, le payement de la dotte ne peut être retardé fous pretexte que la femme a derobé dans l'hoirie du mary, fauf aux heritiers de fe pourvoir par action feparée, §. *taceat, C. de re. uxor.* *action.* lequel privilege ne compete qu'à la femme, & à fes enfans, non pas aux Etrangers.

10. Le neuviéme privilege eft que la fille peut demander en jugement la dotte adventitielle, fans

le confentement de fon pere : mais fi la dotte provient de luy, elle ne le pourra faire. Gloff. & DD. §. *quod
fi in patrit. ff. folut. matrim.* pour l'intelligence de cecy, il faut faire quelques diftinctions quant à la dotte qui vient du pere ; fçavoir fi dans le contrat il
eft porté qu'elle fera reftituée au pere , alors la fille
n'a aucune action pour la repetition d'icelle , *l. que-
ties , ff. folut.* que fi le pere a ftipulé que la reftitution fe feroit à la fille, l'action appartient à la fille privativement au Pere , ou à la fille , alors tous deux
ont l'action pour la reftitution : que fi le pere eft
pauvre, & que l'on craigne qu'il la confume lorfqu'il
l'aura, alors l'action appartient à la fille , non pas au
pere, *l. 2. verf. certum ff. folut matrim.*

11. Dixiémement, la femme ne fe peut fervir du J.
C. Velleien pour la dotte *l. fin. C. ad Velleianum,*
comme il eft porté par ces Vers :

Bis feptem ex caufis mulier fpondendo tenetur
   Pro libertate, pro dote.

12. En onziéme lieu, encore que le teftateur aye
legué l'ufufruit de tous & un chacuns fes biens, à fa
femme , toutesfois elle pourra repeter la dotte fur
les biens de fon mary , n'étant recevable l'opinion
de ceux qui difent que la femme à qui le mary a légué l'ufufruit de tous fes biens puiffe inquieter fon
heritier pour la reftitution de la dotte; la raifon qu'ils
en apportent eft afin que l'heritier du mary ne foit
accablé de deux charges : la premiere , de la reftitution de la dotte ; la feconde, de l'ufufruit laiffé à la
femme : car l'ufufruit laiffé par le mary fur tous &
chacuns fes biens , n'eft prefumé avoir été donné
finon fur ceux dont il peut difpofer, & qui font à
luy, toutes les detes payez, tellement que la dotte
de la femme étant un dete dû par les heritiers du

mary elle le pourra avoir , & l'ufufruit legué fur le re-
fte des biens. Ferrer. *ad decif. Guid. Pap.* 41. contre
l'opinion de Ranchin. *ad dict. q. D. Fab. def.* 1. *C.
folut. matrim.*

13. Douziémement , fi bien la dotte eft incertaine,
le contrat ne fera moins valable pour autant, *l.* ☒ *poft*
§. *gener. ff. de jur. dot.* les Curieux pourront voir les
définitions 2. 3 & 4. de Mr le Préfident Favre ,
C. de dotis promiffione.

14. En treiziéme lieu, les donnations faites à caufe
de nopces , n'ont befoin d'être infinuées , pourveu
qu'elles foient écrites dans le contrat dottal : & c'eft
la difpofition du Stil , fuivant lequel le Senat juge.

15. Pour quatorziéme chef , le mineur peut obliger fes fonds immeubles fans autorité de Curateur,
pour la reftitution de la dotte de fa femme , encore
que par difpofition de droit , le mineur ne fe peut
obliger fans l'autorité de fon curateur, DD. *communiter , poft Bartolum & Salicetum.*

16. Quinziémement, en matiere de dotte, l'on peut
aler directement au Sénat , fans s'adreffer aux Juges
où les fonds font fituez, afin d'éviter la longueur des
procedures qu'il faudroit faire par devant les Juges
fubalternes.

17. Le feiziéme privilege eft , que fi quelqu'un a
conftitué une dotte , croyant d'être obligé de le faire il ne pourra venir contre telle conftitution par
action *ex conditione indebiti* , & ne le pourra repeter
fous pretexte *quod inconfulto , & per errorem folverit
textus notabilis , in l.* ☒ *tum is* §. *mulier , ff. de cond.
indeb.*

18. Le dix-feptiéme, les biens fujets à fideicommis
peuvent être alienez pour la dotte , finon que le teftateur l'aye defendu, alors ils font inalienables, par-

ceque le teſtateur par la prohibition qu'il a faite, ſemble avoir compris les cas exceptez par ſa loy, Guid. Pap. *q. 611. n. 4.* laquelle proproſition il faut entendre quand le fideicommis eſt direct, & fait en faveur des deſcendants : car s'il eſt en faveur des Collateraux, ou autres Etrangers, tel privilege n'aura lieu, D. Fab. *def. 4. C. commun. de legat. & fideicommiſ.* veuque ſi bien l'heritier grevé n'a dequoy de donner à ſes filles, ſinon des biens ſujets à fideicommis, alors il les pourra aliener, *dos enim minuit fideicommiſſum* : ou vrayement l'heritier grevé n'ayant rien, *unde dos reſtituatur ſoluto matrimonio*, ayant vendu & alien é ce qui excede la quarte Trebellianique, alors la dotte doit eſtre reſtituée des biens ſujets à fideicommis : ce qui ſe dit de la dotte, ſe doit entendre auſſi pour l'augment, bagues & joyaux.

Toutesfois ſi le teſtateur a defendu l'alienation des biens fideicommiſſez, l'augment, bagues, & joyaux, ne joüiront du même privilege que la dotte pour qui les biens fideicommiſſez pourront être vendus, *nè ſcilicet filia remaneant indotata*, Guid. Pap. *q. 96.* la raiſon la plus forte eſt que le teſtateur ne peut venir contre la diſpoſition de la loy, qui commande même à l'ayeul paternel de donner la dotte à ſes fille, & petites filles, juſques à l'infiny, ſi tant eſt *quod non habeant aliunde.* Tellement que n'ayant autre pour marier les filles que des biens fideicommiſſez ils pourront être diſtraits pour la dotte, Ferrar. *ad dict. queſt.* Guid. Pap. 96.

19. Le dix-huitiéme privilege eſt, que ſi bien par diſpoſition de droit la preſence n'oblige, *l. ſicut 8. §. non videtur, ff. quibus pignus, vel hypoth. ſolvit.* Toutesfois ſi l'on delivre la dotte au fils, & que le Péré

soit present & consentant , il sera obligé de même pour la restitution , que le fils.

20. En dix-neuviéme lieu , encor que le fils de famille ne se puisse obliger pour cause de prest, *obstante J. C. Macedoniano* , pour empêcher les accidens qui pourroient arriver , s'il étoit permis aux enfans de famille de faire empruns , car étant contraints de rendre l'argent qu'ils auroient emprunté , *patrios ante diem inquirerent in annos* , & les enfans sont assez portez de mauvaise volonté contre leur pére , aussi Seneque dit au quatriéme livre des benefices , *quam ingrata sit juventus vide quis non patri suo supremum diem ut innocens sit optat , ut immoderatus expetit , ut pius cogitat.* Toutefois telle regle n'a lieu en faveur de la dotte , veuque le fils de famille empruntant pour la dotte de sa sœur , il est obligé valablement, *DD. in l. sed. & Julianus,§. sed & si filius, ff. ad Macedonianum.* Les autres passent bien plus avant, disant , que si le fils de famille emprunte pour dotter une étrangere, si elle n'a dequoy se marier d'ailleurs, l'obligation subsiste. Ce qui est plus à rémarquer , car au premier, le devoir le sembloit obliger : mais au dernier cas , il n'y avoit rien qui le necessitât à cela, DD. *in l. promittendo in princip. ff. de Jur. dot.* La raison en est que la dotte *ex Doctorum opinione , dicitur causa pia* , & les privileges qui competent à la cause pie , sont attribüez de même à la dotte, or est-il que le fils de famille peut emprunter pour une chose pie, il le poura faire doncques pour la dotte, & l'obligation subsistera, nonobstant le I. C. Macedonien.

21. Le vingtiéme , si le Curateur a promis pour la dotte de sa mineure plus que les forces de l'hoirie ne peuvent porter , il sera tenu de faire le reste du sien , parce qu'il semble l'avoir donné afin que sa

Mineure trouvât un party plus honorable, *l. cùm post mortem*, §. 1. *ff. de administ. tut.*

22. Le vingt-unième est, que le Pére ne peut charger la dotte de sa fille, d'aucun fideicommis, parce qu'elle tient lieu de legitime, *quæ nullum recipit onus neque gravamen.*

23. En vingt-deuxiéme lieu, si bien par disposition de droit on peut leguer la chose d'autruy, l'heritier étant contraint d'en payer l'estimation si tant est qu'il ne la puisse avoir; toutes fois on ne peut leguer la chose dotale appartenante à autruy. Gloss. *in dotalem ff. de testam. milit.*

24. Le vingt-troisiéme privilege est, que en cas d'assecuration, le mari venant à decheoir de ses moyens, les créanciers ne peuvent offrir les sommes anterieures à la femme & par ce moyen la dechasser, car elle a droit de retention sur les biens pour sa nourriture, de son mary & de ses enfans.

25. Le vingt-quatriéme, la femme peut agir pour la restitution de sa dotte, contre les tiers possesseurs, avant que de discuter le principal, encore que regulierement l'on doit agir contre le principal, non pas contre les tiers possesseurs. La raison est, que le Fisque & le public, par privilége special, peuvent agir par action hypothecaire contre les tiers possesseurs, avant que discuter le principal, DD. *in l. Moschis, ff. de jur. fisc.* doncque le même doit être pour raison de la dotte, *in qua etiam versatur utilitas reipublica*, d'autant plus que la femme & le Fisc sont autant privilegiez les uns que les autres.

26. Le vingt-cinquiéme, encore que par disposition de droit l'on ne peut instituër un héritier, sinon dans un testament, le testament n'ayant rien de commun avec les autres contrats, *verba enim gesse-*

runt , & contraxerunt , non pertinent ad teſtandi jus.
Toutesfois par privilége ſpecial , l'on peut inſtituër
un héritier dans le contrat de mariage , D. Fab.
def. 6. 7. & 8. C. de paĉt. convent. telle paĉtion ne
pouvant être rompuë par aucun repentir.

27. En vingt-ſixiéme lieu , la donnation de tous
biens preſens & avenir quelconques, ne vaut ; c'eſt
pourquoy en toutes donnations , le donnateur ſe
réferve quelque choſe pour en diſpoſer en derniere
volonté : toutefois par privilége ſpecial , la donnation de tous biens preſens & avenir , ſans aucune
réferve, eſt valable en faveur de la dotte, DD. *commu-*
niter, & poſt illos, Petrus Duarenus , reg. 219. colum. 7.

28. Le vingt-ſeptiéme, ſi bien les donnations faites
entre le pére & le fils de famille , ſont nulles par
principe de droit, le pére & le fils n'étant qu'une
méme perſonne: toutesfois en faveur & contemplation des nopces, le pére peut faire donnation à ſon
fils étant en ſa puiſſance, *ita* DD. *communiter* , & l'u-
ſage en eſt tel dans les Cours Souveraines , Guid.
Pap. *q.* 145. auſſi les Notaires ont coûtume de mettre dans leurs contrats (*ſans laquelle donnation le*
mariage n'auroit ſorty effet.)

29. Et de plus, telle donnation ne peut étre revoquée par la naiſſance des enfans : toutesfois cecy ſe
doit entendre ſi elle eſt faite à ſon épouſée à cauſe
de nopces : mais ſi elle eſt faite pour marier autruy,
& que le donnateur vienne à avoir des enfans , nonobſtât qu'elle ſoit à cauſe de nopces, elle ſera nulle,
& de nulle valeur, Guid. Pap. *q.* 145. *& ib. Ranchin.*

30. L'on ne peut éxecuter ſur la dotte de la femme
pour les creances par elle faites aprés qu'elle a été
mariée, Guid. Pap. *q.* 447. Toutesfois on le pourra
faire pour les dettes contraĉtez avant iceluy , *quia*

bona non dicuntur, nisi deducto are alieno.

31. Le trentiéme privilége est, que si la dotte a été donnée, encore que le mariage ne soit suivi, elle ne laisse pour autant de joüir des mêmes priviléges que s'il eût été accomply & parachevé : Baldus, & DD. *in tractat. de privil. dotis*, soit qu'elle aye été constituée avant le mariage ou aprés, DD. & Romanus, *in l. 1. ff. solut. matrim.*

32. Si bien par disposition de droit, *pactum legis commissoria*, est reprouvé aux hypotéques, toutesfois tel pact est valable en faveur de la dotte : par éxemple, si elle a été promise en argent par le beaupére, ou par l'époufée, & que l'on aye donné un fonds en hypotéques pour joüir des fruits, qui tiendront lieu d'interêts : & cas avenant que dans deux ans on ne paye la dotte, le fonds sera pleinement aquis en toute proprieté, & tiendra lieu de dotte & de l'argent promis : mais cette proposition se doit entendre *in dote danda, non autem in dote restituenda*, auquel cas *pactū legis commissoria reprobatur.* Tellement que le mary qui la doit rendre, peut offrir l'argent dû, nonobstant telle convention : Baldus, *novel. tract. de dote, privil.* 54. *ubi multos citat* DD. *in banc rem.*

33. Touchant le privilége des dottes il ne sera hors de propos de mettre en avant un cas qui arrive coûtumierement ; à sçavoir si l'on a fait un legat à une fille pour se marier, si tel legat est pur ou conditionnel, & si la fille meurt avant que de se marier, elle le transmettra à ses héritiers, ou s'il sera caduc. Pour l'éclaircissement de cette matiere, il faut faire distinction de trois especes. La premiere, s'il est dit dans le testament, *Je donne & legue à telle fille, cent écus afin qu'elle se marie*, alors tel legat est dû avant

qu'elle se marie : & si elle meurt sans se marier, il sera transmissible à son héritier. De même s'il est dit, *Je donne Tant afin qu'elle se marie à un Tel*, si celuy à qui le Testateur a dit qu'elle se mariasse vient à mourir, nonobstant cela le legat est dû.

Le second cas est. S'il est dit, *Je legue tant, si elle se marie* ; alors si elle meurt avant que de se marier, le legat n'est transmissible à ses héritiers, mais demeure aquis à ceux du Testateur, *l. Titio centum, §. Titio genero, vers. si ante nuptias.* De même s'il est dit : *Si elle se marie à un Tel*, & qu'elle ne le puisse faire, celuy qui est nommé au testament étant mort, alors elle ne pourra avoir tel legat, côme étant conditionel : la condition aposée au Testament n'étant purifiée, *Textus in l. legatum, C. de cond. incert.*

Le troisiéme est. S'il est dit : *Je laisse tant à telle fille pour sa dotte pour se marier, pour trouver party.* Pour l'intelligeuce de cecy il faut faire difference où celuy qui fait le legat est étranger, & alors il n'est dû, sinon qu'elle se marie : que si elle ne le fait, le legat n'est transmissible aux héritiers de la fille, mais demeure aquis à celuy du testateur.

Que s'il est fait par le Pére, Ayeul paternel, ou autres que le droit oblige de dotter les filles, alors tel legat est pur, & encore qu'elle meure avant que de se marier, il est transmissible à ses héritiers ; parce que la dotte *est proprium patrimonium filiæ, & succedit loco legitimæ* : or est-il, que *actus legitimi non recipiunt diem neque conditionem*, iceluy étant dû *à die mortis testatoris*.

Que si c'est un étranger qui ne soit teuu de constituër dotte, le legat ne sera dû, sinon que la fille se marie, *quia legatum dotis ab extraneo relictum, tacitam conditionem habere intelligitur si nuptiæ sequantur l. Titio*, §. *Titio genero ff. de cond. & demonst.* Ainsi nôtre Sénat juge, au raport de Mr le Président Favre en la *def. 9. C. de cond. insert.*

Que si dans un Contrat l'on a donné à une fille pour se marier, alors en faveur de la dotte, *tacita conditio intelligitur si matrimonium sequatur, & sic interim nulla orta est obligatio, l. stipulationem, l. Tali, & l. promittendo, ff. de jur. dot.* Toutesfois il faudra entendre cette proposition selon la distinction sus aléguée, soit és contrats, soit és testamens.

34. En dernier lieu, si bien par disposition de droit, toutes instances doivent prendre fin dans trois ans, & pendant ce tems-là l'on a discontinüé la poursuite du procés, l'instance est perie, *l. properandŭ, C. de judic.* Toutesfois par privilége special, l'on ne peut oposer d'aucune peremption d'instance en matiere de dotte, la raison qu'en donnent les Docteurs est, que l'instance ne peut être dite perie *quando versatur favor publicus.* Comme aux dottes & mariages, *ita DD. communiter* Bald. Novel. *tract. de dot. privil.* 14. *part. nona.*

36. Il faut remarquer que la femme héretique ne joüit des priviléges accordez aux autres pour la dotte, *l. 1. C. de beret. & Manich. auth. item privilegium dotis, C. de beret.* Que si elle se met dans la Foy Catholique, alors elle joüira du même privilége que les autres.

La somme de quarante milles livres.

---

1. *Les dottes autrefois étoient grandement petites.*
2. *Dire de Strabo touchant l'épargne de ceux de Marseilles.*
3. *Ordonnance de Solon.*

4. *Les*

4. Les Grecs achetoient les femmes : & les Macedoniens don-
noient la dotte aux femmes.

5. Les Romains n'ont assigné aucune taxe à la dotte de la femme.

1. **A**Utrefois les dottes étoient grandement petites, en quoy il se voit l'abus qui est maintenant, car on recherche plûtôt la dotte que la fille.

2. STRABO parlant de la grande épargne de ceux
de Marseilles, dit que l'on donnoit pour dotte aux
filles de grande Maison, cent écus seulement, cinq
écus en habits, & cinq écus en bagues & joyaux.

3. SOLON dans ses loix n'a parlé des dottes ; mais
il ordóna qu'il ne fut permis à une femme de porter
dans la maison de son mary plus vaillant que ce qui
étoit nécessaire pour se couvrir ; à sçavoir trois robbes & quelques vases de terre, & autres de petit prix. PLATON a voulu que les plus excessives
dottes fussent de cent dragmes. 4. Chez les Grecs
les maris achetoient les femmes, & au lieu que les
femmes donnent dotte aux maris, les maris la don-
noient à leurs femmes, se contentant seulement de
leur beauté & vertu, aussi un Poëte dit : *Dos est sua
forma puellis.* 5. Les Romains n'ont ordonné aucune
taxe aux dottes, devans être proportionnées aux
biens du pére ; tellement que il doit dotter sa fille
jusques à la concurrente somme de la légitime : car
si la fille se trouve lezée en sa légitime, elle pourra
être relevée par benefice du Prince, & agir pour le
suplement.

Payables vingt mille livres dans un an.

1. *Dés quel tems l'année doit commencer, où du jour du
contrat dottal, ou de celuy de la celebration des nopces.*

D

1. L'Année doit commencer non pas dés le jour du contrat, mais seulement dés la celebration des nopces : car il ne faut pas interpreter les conventions y portées, sinon dés le jour qu'il a pû avoir effet : or est-il qu'il ne peut prendre force sinon dés les nopces, veuque si bien le mariage peut être contracté sans dotte, toutesfois il n'y peut avoir aucune dotte sans mariage, iceluy donnant principe à la dotte, non pas la dotte au mariage : l'un pouvant être sans l'autre : & de plus dés le tems des fiançailles jusques à la benediction nuptiale, le mariage peut être rompu par le moyen des empêchemens survenans, soit d'effet ou de volonté, & par ainsi le contrat demeurera pour nul, & de nul effet.

Et pour les autres vingt mille livres a été remis un fonds.

---

1. Le fonds dottal ayant été estimé, c'est au choix du mary de le rendre, ou le prix qu'il a été estimé.

2. Deux sortes de reparations, les unes sont grandes, les autres petites.

3. Le mary est tenu aux petites reparations, non pas aux grandes.

4. Trois sortes de grandes reparations.

5. Quelles sont les reparations necessaires.

6. Quelles sont les utiles.

7. Les reparations necessaires doivent être payées avant toute œuvre.

8. Les reparations utiles quand doivent être payées.

9. Les reparations voluptueuses ne peuvent être repetées par le mary.

10. Le mary peut repeter les dépens qu'il a fait pour l'éxaction des obligations qui luy ont été remises en dotte par sa femme.

11. Les deteriorations faites au bien de la femme doivent être par elle suportées, si le fonds a été estimé par estimation qui n'opere pas vente.

12. *Le fonds ayant été estimé par estimation qui opere vente, s'il arrive quelque deterioration au fonds, elles sont au préjudice du mary.*

1. POur ce qui touche la vente du fonds dottal, il en a été parlé cy-dessus, où l'on a dit, que le fonds dottal ayant été estimé pouvoit être vendu par le mary, étant à son choix de le rendre, ou l'estimation, sinon qu'il y aye des pactions au contraire, en quoy il y a difference du contrat de vente, *l. plerumque, ff. de jur. dot. l. quotiens, C. eod. tit.*

2. Il faut que le mary, pour être advisé lorsque l'on luy donne un fonds en dotte, il prenne un acte d'état, afin de sçavoir les reparations & melioratiós qu'il y conviendra faire ; car si bien il est maître des fruits de sa femme, toutesfois il n'est pas tenu de faire du sien toutes les reparations qui sont nécessaires au fonds : en quoy il faut distinguer deux sortes de reparations ; à sçavoir, les unes qui sont petites, les autres sont grandes : 3. quand aux moindres, il est certain que le mary, comme percevât les fruits des biens de sa femme, les doit faire, par éxéple entretenir les couverts, bonifier les fonds, & autres telles reparations qui sont de peu de valeur & consequence. Que s'il avient que le mary trouve les biens hermes & en friche, & pour leur restauratió il mette grande quantité de fien, & que la femme meure peu aprés, tellemét que les fruits puissent égaler les melioratiós, alors elles serót réduës au mary.

4. Quant aux grandes reparations il y en a de trois sortes, les unes nécessaires, les autres utiles, & les autres voluptueuses. 5. On apelle les reparations nécessaires, sans lesquelles la chose où on les fait periroit totalement, si elles n'étoient faites : comme si le mary fait des chaussées afin que l'eau ne ravage

le fonds de sa femme ; s'il repare les bâtimens qui sont nécessaires pour les fonds, soit pour retirer les fruits ou autrement ; s'il a planté une grande quantité d'arbres qui demeurent à perpetuité.

6. Les utiles sont celles par lesquelles le fonds est rendu meilleur : les voluptueuses qui sont pour le plaisir de celuy qui les a faites.

7. Quant aux reparations nécessaires elles doivent être payées avant toute œuvre à celuy qui les a faites en l'état lors de la restitution de la chose, non pas en celuy auquel elles ont été faites, ayant droit de retention de la chose jusques au payement d'icelles.

8. Quant aux utiles si elles sont faites par le mary du consentement de la femme, elles luy seront renduës : que si elles sont faites sans son consentement, qu'il aparoisse que la femme n'a voulu que le mary fit telle dépence, il ne les pourra repeter, *l. ult. ff. impens. & l.* 1. §. *sed ne ob impens. C. de rei uxor act.*

9. Pour les voluptueuses, soit qu'elles ayent été faites du consentement de la femme, ou non, elles ne peuvent être repetées par le mary, *ut tot tit. de impens. in res dotal. fact.* étant à son choix de les lever si tant est qu'elles le puissent être ; si du moins elles demeureront au fonds, comme les pintures qui sont sur les murailles, & autres parois qui ne se peuvent lever sans emporter la piece même.

10. Que si on a donné en dotte au mary, des obligations qu'il aye éxigé, il sera tenu de rendre l'argent, luy étant précomptez les dépens qu'il a fait pour leur éxecution, comme faits nécessairement.

Il faut remarquer que les héritiers du mary ne peuvent détraire les dépens par luy faits pour l'éxaction de la dotte, comme dit Mr Boër, *q.* 22. *n.* 15. Mais il faut entendre cette proposition des dépens fournis contre celuy qui a promis, & est débiteur de la dotte ; mais non pas de ceux qui ont été faits contre des tiers, afin de sçavoir à quoy elle arrivoit, & ainsi le Sénat a jugez, aprés longues disputes, pour les héritiers du Procureur Voctier, contre la femme du sieur Medecin Bertier, leur Belle-mére.

11. Voilà quant aux reparations, mais quant aux deteriorations il faut sçavoir qui les doit porter ou le mary, ou la femme : à cela il faut distinguer, ou le fonds qui a été remis au mary a été estimé en telle façon que telle estimation a eü lieu de vente, ou pour sçavoir seulement le dechet qui pourroit arriver, où vrayement il a été donné sans estimation : & lors l'incommodité de telles deteriorations apartient à la femme seule, non pas au mary ; sinon que l'on voye qu'il y aye de sa faute, étant obligé de gouverner le bien de sa femme comme bon pére de famille, & en avoir autant de soin que des siens propres : Rebuf. *in princip. ff. de jur. dot. l. constante, si maritus, ff. solut. matrim.*

12. Que si le fonds a été estimé par estimation qui aye force de vente, s'il y arrive des deteriorations, la perte est au mary, non pas à la femme : car elle ne demandera que l'estimation du fonds qu'elle laissera aux héritiers du mary, parceque dans la vente, & l'achet, l'acheteur doit porter le dommage, non pas le vendeur ; le detriment de la chose apartenant au maître, qui est l'acheteur, non pas au vendeur qui s'en est dépoüillé, *l. plerumque in princ. l. quotiens res, ff. de jur. dot.*

Que si l'estimation a été faite pour sçavoir combien le fonds pouvoit valoir, alors la perte est à la femme, *l. si inter vir. Cod. de jur. dot. Gloss. in l. 1. Cod.*

13. Que si le mary a été lezé à l'estimation du fonds,

dotral, il pourra se pourvoir selon les remedes de droit, & y sera reçû, *quia deceptis jura subveniunt.*

Avec ses apartenances, & dépendances.

1. *Que signifie le mot d'Appartenances.*
2. *Les fruits pendans par racine sont partie du fonds.*
3. *Les meubles attachez aux parois qui ne se peuvent detacher, sont du fonds.*
4. *Ce qui a été levé du bâtiment, non pas ce qui est pour rebâtir est du bâtiment.*
5. *Les paux plantez dans la vigne, & ceux qui ont été autrefois, non pas ceux qui ont été aportez pour planter, sont de la vigne.*
6. *Le droit de Patronage soit le Château auquel il a été annexé.*

1. SOus le nom d'apartenances, tout ce qui peut servir au fonds est compris, comme le fien & la paille qui est sur iceluy, *l. fundi 18. §. fundo vendit. ff. de act. empt. & vendit.* soit à l'étable ou dehors en monçeau ; parceque la paille & le fien sont pour l'usage & melioration du fonds, comme aussi le bétail servant à la culture, & à sa melioration.

2. De plus les fruits pendans par racine, *qui fructus pendentes fundi pars tue videntur, l. fructus, ff. de rei vindic.*

3. En troisiéme lieu, tous les meubles qui sont arrachez & qui ne se peuvent enlever sans un notable dómage, les pressoirs, cuves, & autres meubles qui servent nécessairement au fonds, *DD. in d. l. ff. eod.*

4. De plus ce qui a été levé du bâtiment, comme les bois, ardoises, pierres : mais non pas ce qui a été aprêté pour le refaire, sinon que dans le contrat il y aye des pactions pour ce regard.

5. De même, les paux qui sont plantez dans la

vigne, font de la vigne, ou ceux qui ont déja été : mais non pas ceux que l'on prépare pour y mettre. De même s'il y a une Chapelle qui dépende de tel fonds, elle y fera aussi comprise, parce qu'elle fait une partie du fonds auquel elle est annexée.

Tout de même si l'on a constitué en dotte une maison où il y aye un jardin contingu, ou autre placeage fervant à icelle, sous ces mots, le jardin & placeage sont compris : *Benedict. in cap. Raymutius, ext. de test.*

6. De plus si le pére donne un Château, le droit de patronage y annexé a été donné & remis, comme en dépendât, tout de même que le droit de justice: toutesfois par ces mots *d'apartenances & dépendances* les biens des particuliers assis dans le territoire du Château, ne sont donnez, mais seulement la jurisdiction sur iceux.

<hr>

Et ce pour tous droits de légitime, suplement d'icelle, noms & actions que ladite Demoiselle peut pretendre, comme que ce soit sur les biens de sondit Pére & Mére, tant propres paternels que maternels, que en vertu de son augment de dotte, soit aussi de ce qui luy a été donné par.. De ce dûëment certioré ; aufquels droits ladite Demoimoiselle a renoncé & renonce, ainsi qu'elle jure par foy avec serment, ensemble à tous droits fraternels & fororinels, sauf la loyale échûte.

---

1. *Les renonciations sont odieuses & prohibées par disposition de droit.*
2. *Le droit Civil est corrigé par le droit Canon, touchant les Renonciations.*
3. *Raisons pourquoy.*

4. La Loy *Varcina* ne permet pas aux Péres de donner à leurs filles, sinon trois onces de leur hoirie.

5. Les filles sont la fin d'une maison, & le commencement d'une autre.

6. La fille quoyque mariée est en la puissance de son Pére.

7. La renonciation generale n'est valable.

8. Ceux en faveur de qui l'on renonce doivent être presents au Contrat.

9. Le Pére constituant la dotte, si bien les fréres, 10. en faveur de qui l'on renonce, ne sont presens, toutesfois la renonciation est valable.

11. La femme doit renoncer, non pas le mary.

12. La diction [&] est disjonctive, non pas conjonctive au fait des Renonciations.

13. La Mére ayant renoncé n'exclud pas les enfans de l'hoirie de leur Ayeul.

14. La renonciation est presumée avoir été faite en faveur des mâles, non pas des femmelles.

15. La renonciation des droits maternels n'opere pas pour l'augment.

16. La fille doit avoir notice de l'hoirie qu'elle quitte.

17. La fille qui n'a renoncé doit être instituée par son Pere, ou exheredée, autrement le testament est nul.

18. Si le Pere meurt intestat, la fille qui n'aura renoncé, partagera avec ses autres freres, en conferant la dotte.

19. La fille ayant renoncé, ne peut arguer le testament de son Pere.

20. La fille ayant renoncé, si dans le contrat cette clause n'est pas portée, sauf la loyale échute, les freres estant morts, les plus proches parens succederont à l'exclusion de la fille.

21. La fille qui a renoncé, peut estre instituée par son Pere.

1. TOutes renonciations sont odieuses, par disposition de droit Civil, & autresfois estoient nulles : car l'on ne peut renoncer à ce qui n'est pas en estre, *viventis nulla est hæreditas l. qui superstitis, ff. de acq. hæred. l. pact. quod dotali, C. de collat.* Toutesfois le droit Civil a été corrigé par le droit Canon qui est maintenant en usage, étant permis aux filles de renoncer à l'hoirie de leur Pere lors qu'elles se marient, moyennant la dotte qui leur a été donnée, qui tient lieu de portion legitimaire, & ce pour le bien public, afin que les familles se conservent. 3. par le moyen des mâles, qui soutiennent la maison

4. Chez les Romains il fut etablie une Loy fous Voconius, par laquelle il n'étoit pas permis aux peres de donner à leurs filles que trois-onces de leurs hoiries : auffi Quintillien parle de la forte, *Quid putas voluiffe Legiflatorem, cùm hoc jus conftituerat nè fœmina minuas opes poffiderent, ne potentia earum civitas premeretur.* Par la loy divine, les filles etoient incapables de fucceffion, lors qu'il y avoir des mâles, comme il eft porté aux nombres Chapître 27. & Jofuë chap. 17. auffi la fille mariée 5. n'eft plus de la famille de fon Pere, mais change de nom, paffant dans celle de fon mary, dont elle eft le commencement, & paffe de la puiffance du Pere, à celle du mary, c'eft à dire quant aux fervices qu'il faut que la femme rende au mary: 7. car felon le droit écrit, le Pere a toûjours la fille en fa puiffance, encor qu'elle foit mariée, d'où viént que pendant la vie de fon Pere elle ne peut tefter, parceque le mariage, par le droit, n'eft pas un moyen capable pour lever la puiffance paternelle, lequel droit nous obfervons en ce païs, encore qu'en France, & autres païs, de coûtume, il foit autrement.

Afin que les renonciations que les filles font, foient valables, il faut qu'elles foient faites felon les regles prefcriptes par le droit, il faut voir le nouveau Reglement qui eft un Edit de M. R. J. Bapt. par lequel le pere afferme avec ferment d'avoir fuffifamment dotté fa fille, & felon fes facultés.

8. En premier lieu, la renonciation generale n'eft valable, comme fi la fille dit, *Et ce pour tous droits paternels, maternels, fraternels, fororinels, dequoy elle fe contente, & quitte avec pact de jamais rien en demander en jugement ny dehors.* Mais il faut qu'elle foit expreffe, veuque par ces mots fus-fpecifiez, l'on ne peut induire aucune renonciation, mais feulement une quitance faite par la fille.

Et telle renonciation fpecifique doit eftre avec ferment, & ainfi le Senat a jugé au mois de Septembre 1629. pour les Sœurs Ducreft, femmes des Procureurs Joly, contre maitre Ducreft, leur frere.

Mais la principale difficulté confifte, s'il y a renonciation fpeciale aux droits paternels, maternels, fraternels, & fororinels, fi le ferment appofé à la fin du contrat ès claufes generales, renonçant avec ferment pourra fervir pour la renonciation, on dit que tel ferment fe pourra rapporter à la renonciation fpeciale, tout de même que aux autres conventions fpecifiées dans le contrat, & ainfi Monfieur le Prefident Favre dit avoir été jugé par le Senat en la definition 13. C. *de pactis*; mais il faudra prendre garde que si bien dans le contrat dotal, tout ainsi comme aux autres, cette clause soit mise, *renonçant & avec serment*, telle clause n'opere aucune renonciation aux biens paternels, maternels, fraternels, parceque il faut renoncer à la succession du Pere expressément, non pas aux droits, faisant au contraire : & la fille qui ayant réçû sa dotte pour les droits qui luy peuvent appartenir sur l'hoirie de son Pere , jure de ne contrevenir à ce qui est porté par le contrat, elle jure tant seulement qu'elle ne peut nier d'avoir sa dotte pour les droits qui luy peuvent apartenir. Ce qui ne fait pas que aprés la mort du pere la succession ne luy soit deferée, *quia à lege deferiur successio, etiam invito*, D. Fab. *def.* 13. *C. de pact.* Guid. Pap. *q.* 225. *cum ib. notatis.*

9. De plus pour la validité de la renonciation, il faut que ceux en faveur de qui l'on renonce, soient presents & consentans lors d'icelle, n'estant assez qu'ils en ayent notice aprés :
10. Toutesfois si c'est le Pere qui constitue dotte à sa fille, si bien les freres & les sœurs en faveur de qui la renonciation est faite , n'y sont presents, 11. la stipulation du pere suffit, D. Fab. *def.* 7. *C. de pactis.*

12. En troisiéme lieu , il faut que ce soit la femme qui renonce, car la renonciation faite par le mary au nom de sa femme, avec promesse de la faire ratifier, à peine de tous dépens , dommages & interests, n'est valable, & n'empêche que la fille succede avec ses autres freres, si le pere meurt intestat, ou vrayement s'il a fait testament , ayant été preterie, elle ne puisse venir à la forme du droit, sans que le mary puisse estre convenu pour aucuns dommages, interests, à cause de telle promesse, Boër. *q.* 3. *per. totum.*

13. Si la fille ayant renoncé à l'hoirie de son pere en faveur de ses freres, avec tel *si*, que cas advenant que *Pierre & Jean ses freres viendront à deceder sans enfens, il luy sera loisible de retourner aux biens de son pere si l'un des freres decede sans enfans, elle luy pourra succeder, sans attendre que l'autre soit mort :* parceque la diction *& en ce cas resolvitur in disjunctivam*, & ce *& veut autant dire que ou*, à sçavoir que Pierre *ou* Jean venans à mourir sans enfans. *l. fin. §. filium. ff. de legat & fideicommis.* 2. Osasc. *decis.* 110. & Cravet. *conf.* 109.

Il est à remarquer si la fille ayant renoncé à la succession de ses pere, mere, freres, elle vient à deceder laissant en survie des enfans, ils pourront succeder à l'hoirie de leurs oncles par représentation , cousins, Pere-grand , Mere-grand , que leur mere a renoncé, telle renonciation ne leur pouvant obster ; encore qu'ils soient heritiers de leur mere, veu que la renonciation étant de soy odieuse, elle ne s'estend aux enfans, mais tant seulement à la mere qui la fait, encore que dans le contrat dotal telle clause soit apposée, *renonçant pour elle & ses heritiers quelconques* : car afin que telle renonciation puisse obster aux enfans, il faut que l'on en fasse mention specifique dans le contrat, autrement la renonciation generale ne leur peut obster, ita DD. *communiter.* Crass. *in § successio ab intest. q. 4. n. 4.* Cravet. *cons. 84. n. 5. in fin.* Bartol. *in l. qui superstit. n. 2. ff de acq. hæred.* Et faut que les enfans remettent en l'hoirie la dotte que leur mere a reçüe, afin que le tout soit partagé également entre les oncles & les neveux.

15. De plus la renonciation faite en faveur du pere, ayant des enfans mâles & des filles, doit être entenduë en faveur des mâles, non pas des filles ; tellement que les mâles venants à deceder, la fille succedera avec ses autres sœurs, telle renonciation ne luy pouvant obster. Ceci se doit entendre si la fille renonce tant seulement aux biens paternels, fraternels, sans ajoûter *sororinels.* Que si dans le contrat dotal le mot de *sororinel* est adjoûté, encore que les mâles soient morts, la renonciation expresse faite dans le contrat luy obste. D. Fab. *def. 12. C. de pact. convent.*

AUGMENT.

16. La renonciation des droits maternels n'opere pour l'augment, sinon qu'il soit specifié dans le contrat, parceque l'augment n'est pas des biens de la mere, mais appartient aux enfans, n'en pouvant disposer à leur préjudice, quant à la proprieté, en vertu du droit municipal, encore qu'elle demeure veuve.

Le tout à elle donné à entendre.

17. Pour renoncer valablement à la succession, legat, fideicommis qui appartient à la fille, ou autre personne, telle renonciation ne vaut qu'elle n'aye été certiorée pleinement du contenu au Testament, soit qu'il y aye fideicommis, legat, ou autre touchant la succession que l'on peut pretendre, & que le Testament lui aye été lû à plein, & ce nonobstant les clauses generales que l'on a coûtume de mettre ez contrats, *Renonçant à tous droits paternels, maternels, fraternels, sororinels supplement de legitme Trebellianique que Falidie, comme aussi à tous droits à elle appartenants, ou qui luy pourront appartenir par cy-aprés.* Mais il faut faire specifique declaration du testament & droits ausquels l'on renonce, *l. de his ff. de transact.* D. Fab. *def. 5. C. de transf.*

Pour plus grande intelligence de la matiere des renonciations, il ne fera hors de propos de deduire quelques maximes generales qui ferviront comme principes.

18. En premier lieu, fi le pere ayant dotté fa fille fans la faire renoncer, & dire que ce foit *pour tous droits de legitime & fupplement d'icelle*, il fera tenu de l'inftituër par fon teftament, ou l'exhereder, autrement fi elle eft preterie, le teftament fera nul. *l. inter catera, l. filius, & l. cùm apud hoftes. ff. de lib. & pofthum.* & le pere la peut inftituër en la dotte conftituée pour fa legitime; que fi elle n'eft fuffifante, la fille pourra agir pour le fuppleme d'icelle, *l. omninò. C. de ino[q]. teftam.*

19 Que s'il n'y a aucune renonciation, ou que celle qui a été faite foit tenuë pour nulle, fi le pere meurt inteftat, la fille fera reçuë à partager avec fes autres freres, en conferant la dotte par elle reçuë, *l. dotis, C. de Coliat.*

20. En troifiéme lieu, la fille ayant renoncé valablement, elle ne pourra arguer le Teftament de fon pere d'inofficiofité, encore qu'elle n'y foit nommée, DD. *communiter*, Guid. Pap. *q.* 192. *n.* 3. moins luy fucceder ab inteftat.

21. De plus s'il n'eft porté dans le Contrat fauf la loyale échute, fi le pere meurt inteftat fans autres enfans, les plus proches parens fuccederont à l'exclufion de la fille qui a renoncé.

22. En dernier lieu, le Pere pourra inftituër fes filles qui auront renoncé, auffi bien que les autres enfans, & nonobftant telle renonciation elles fuccederont avec les autres, en vertu du Teftament du Pere, *ut tot. tit. C. & ff.* Mais auffi elles doivent rapporter ce qu'elles ont reçû de leur Pere, en la maffe hereditaire : ce qui fe doit entendre de la forte, à fçavoir, fi elles ont été inftituées heritieres également avec les autres enfans, *Auth. ex teftam. C. de Collat.* Mais fi elles font fimplement legataires, elles n'y font tenuës, finon que les legats faits fuffent pour le fupplement de legitime : car alors elles devront rapporter ou precompter ce qu'elles auront reçû pendant la vie du Pere : toutesfois il pourra defendre par fon Teftament que la fille ne rapporte aucune chofe dans l'hoirie.

Pour Augment de laquelle.

1. *L'augment fe donne à caufe de la dotte, & pour la defloration.*
2. *S'il n'y a aucune dotte, il n'y a aucun augment.*
3. *L'on ne donne aucun augment aux Veuves.*
4. *Si la dotte eft en argent, l'augment fera de la moitié : fi en fonds, du tiers.*

5. *La dotte peut être constituée par écrit, & sans écrit.*

6. *L'augment est dû encore que la dotte n'aye été payée.*

7. *L'augment est dû à proportion des biens qui ont été remis.*

8: *Sçavoir si le fils partageant avec ses autres fréres les biens de son Pére, doit lever en premier lieu l'augment de sa femme.*

1. L'Augment se donne à double fin, l'une à cause de la dotte: & l'autre pour la défloration, qui doivent concourir toutes deux ensemblement;car l'une cessant, tout cesse: 2 : c'est pourquoy, s'il n'y a aucune dotte, l'on ne devra aucun augment, *cessante enim causa, cessat & effectus, & sublato principali, tollitur & consequens,* Bartol. & DD. *ad tracta. mulier habens amplum patrimonium.*

3. De plus par nos coûtume, l'augment se donne à cause de la défloration, tellement que l'on n'en doit point aux veuves, parce qu'elles ne portent plus avec elles ce precieux joyaux de la virginité.

4. Par les coûtumes du païs de Savoye, si la dotte est en argent, l'augment sera de la moitié, par exemple, si elle est de mille écus, l'augment sera de cinq cents : si elle est en fonds, l'on ne devra l'augment que du tiers.

5. Pour l'intelligence de ce qui a été dit cy-dessus, il faut sçavoir que la dotte se peut constituër en deux façons, par écrit, & sans écrit: par écrit, quand par le contrat dotal on constituë une somme certaine , & si bien dans iceluy il n'est fait aucune mention de l'augment, toutesfois il est dû.

Sans écrit, lorsque la femme remet tous ses biens à son may, sans faire aucun contrat dotal, & le laisse jouïr des fruits qui se consument également par le mary & la femme, & alors l'augment est dû à proportion des biens remis au mary, 6. Bartol. *ad tract. mulier habens amplum patrim.* Et si bien 7. la dotte qui a été constituée au mary, n'a été payée, pour cela l'augment ne lairra d'être dû. D. *Fab. def.* 1. *C. de pact. convent.* ne pouvant estre fait aucun pact qui puisse deroger à cela : comme si dans le contrat dottal, il est dit, *Que l'on payera l'augment seulement à rate de ce que l'on aura exigé de la dotte.* Mr. Charpene dans le Recüeil de ses Arrests, arrest. 7. qui cite Mr. Guy Pape, *q. 566.*

8. Si le Beau-pere ayant donné l'augment à sa belle fille, à cause de la dotte constituée à son fils vient à mourir intestat le fils, partageant avec ses autres freres,il ne pourra lever l'augment par le Pere, qui doit estre compris dans la part hereditaire du fils, *Text, in l.ut. liberis,C. de collat.* où il est expressement decidé,que

le fils doit rapporter au blot de l'hoirie ce qu'il a eu de son pere par donnation à cause de nopce, *l. quoniam, C. de inof. testam. Thef. q. 46. per totum.*

Outre ce a donné & donne par Donnation à cause de nopces.

1. *Difference entre l'augment, & la donnation à cause de nopces.*

2. *Les donnations peuvent être dites à cause de nopces qui ont été faites, le mariage ayant été consumé.*

3. *Quand les donnations à cause de nopces peuvent être faites au préjudice du fideicommis.*

4. *Les donnations faites par le mary & la femme pendant le mariage, sont nulles, & reprouvées de droit.*

5. *La donnation reciproque entre le mary & la femme, est valable.*

6. *La femme peut donner pour acheter une Charge.*

7. *Comme la donnation faite entre le mary & la femme peut être confirmée par le mary.*

8. *Si la donnation a été faite au mary, & aux siens.*

9. *La donnation de survie est valable.*

10. *La donnation des fruits faits entre le mary & la femme est valable.*

11. *Les confessions faites par le mary en faveur de sa femme pendant le mariage, sont nulles.*

12. *Comme telle proposition se doit entendre.*

13. *Les confessions ne peuvent être arguées par les héritiers du confessant, mais tant seulement par les créanciers.*

14. *La confession contenant en soy cause legitime, est valable.*

15. *Si la donnation de survie est transmissible aux enfans, encore qu'il n'en soit faite aucune mention.*

1. IL y a difference entre l'augment, & la donnation à cause de nopces, parce que la donnation à cause de nopces, se peut faire en tout tems : & selon la constitution de l'Empereur Justinien, elle devoit estre égale à la dotte constituée au mary. *Auth. de equalitate dotis, & donationis propter nuptias.* Mais l'augment est donné aux filles pour la defloration : & si bien il est acquis à la fille, toutesfois elle n'en pourra disposer, iceluy estant reversible à ses enfans, privativement à tous autres, la condition de l'augment ne pouvant être faite moindre par aucun pacte ny stipulation, *l. attilicinus, ff. de pact, dotal.* les parties ne

pouvant pactifer, que l'augment ne fera reverfible aux enfans, D. Fab. *def. 1. C. de pact. dottal.*

2. Les donations faites pendant le mariage peuvent eftre dittes à caufe de nopces, *Textus, in §. ult. inftit. de donat.*

3. Pour fçavoir quand les donations à caufe de nopces peuvent fubfifter au prejudice du fideicommis, il faut faire diftinction, ou elles font exceffives ou non : car fi elles le font de forte qu'elles apportent un notable prejudice au fideicommiffaire, elles font nulles, & de nulles valeurs, comme faites au prejudice du fideicommis : que fi elles font égales à la dotte, & felon les coûtumes de chaque lieu, la donnation auffi bien que la dotte fe prendront fur le fideicommis, pourveu toutesfois qu'il foit entre les defcendans, car aux fideicommis collateraux c'eft autre chofe. D. Fab. *def. 4. & 10. C. commun. de legat.*

4. Les donations à caufe de nopces fubfiftent tant feulement, qui font faites avant le mariage ; car celles qui font faites entre le mary & la femme pendant le mariage, font nulles, de nul effet, & reprouvées par difpofition de droit, afin que le mary & la femme ne femblent avoir achepté l'amour & l'affection qu'ils fe donnent l'un l'autre ; auffi les anciens pour vray hieroglife de ce, ont peint le vray amour fans aucun flambeau de liberalité, car étant une chofe fpirituelle, il n'eft fujet à aucun intereft, *l. 1. 2. 3. ff. de donat. inter vir. & uxor.* Toutesfois cecy fouffre quelques limitations.

5. En premier lieu, fi la donnation eft reciproque entre le mary & la femme, d'autant que par ce moyen, ny l'un ny l'autre s'appauvrir.

6. De plus la femme pendant le mariage peut donner à fon mary pour achepter une charge & s'élever, en honneur, dignité & degré : la raifon en eft, que lors que le mary s'éleve en grandeur, honneur & dignité, la femme en participe & reluit en la perfonne de fon mary *Radiant enim radiis maritorum,* dit le Jurifconfulte, *en la loy fœmina. ff. de Senat.*

7. En troifiéme lieu, fi la femme ne fait aucun plaintif pendant la vie de fon mary, & qu'elle meure en telle volonté, la donnation fera confirmée par la mort, & fon heritier ne la pourra arguer en aucune façon, pourveu toutesfois qu'il y aye cinq témoins, qui font neceffaire ez dernieres volontez : car fi la femme eût voulu pendant fa vie, elle l'auroit fait refcinder comme faite par force, crainte & reverence maritale, qui peut être prefumée facilement contre le mary, comme plus puiffant, & pouvant commander à fa femme, & la faire condefcendre

à ses volontez. DD, communiter *in l. 1. §. qua oneranda ff. quarum rerum ratio non detur.*

8. Que si dans la donnation le mot *des siens* est inseré , cela n'opere de rien , & la donnation ne peut non plus valoir en faveur des siens, que de celuy à qui elle a été faite primitivement: car il s'ensuivroit une absourdité manifeste, veu que elle seroit valable pour un chef , & pour l'autre non : tellement que si la donnation ne peut subsister pour le donnataire , encore moins pour les siens.

9. De plus, la donnation de survie, vaut pendant le mariage, parce que personne ne s'appauvrit, & le gain dépend du douteux évenement de la survie.

10. En quatriéme lieu, la donnation est valable entre le mary & la femme, en ce qui regarde les fruits, *l. de fructibus* 17. *ff. de donat inter virum & uxor.* de plus quelques bagues & joyaux pour aquerir les bonnes graces l'un de l'autre.

11. Non seulement les donations qui se font entre le mary & la femme pendant le mariage sont reprouvées de droits , mais encore toutes sortes de confessions qui sont faites par les maris en faveur de leurs femmes , pendant le mariage.

12. Toutesfois il faut entendre cette proposition , si avant le mariage celebré il n'y a aucun contrat dotal ; car s'il y en a un auparavant , alors telle confession sera valable , parce que c'est plustot une liberation , que non pas une simple confession. De plus telles confessions ne peuvent estre arguées par les heritiers du confessant, parce que *confessio nocet confitenti & haredibus confitentis: hares & defunctus , fictione juris , sunt una & eadem personna.* 13. Mais tant seulement par les Créanciers , veu que elles semblent estre faites par le mary par fraude & simulation , afin de les priver de leur legitime créance, le debiteur ne leur pouvant imposer aucune loy, le serment apposé à telle confession ne servant de rien , sinon que la confession contienne en soy une cause legitime, comme si le mary confesse d'avoir reçû d'argent des biens vendus de sa femme, encore qu'ils ne fussent constituez en dotte, 14. ou d'avoir exigé quelque notable somme de deniers de ses créances , alors l'on ne peut soupçonner le mary d'aucune fraude ni simulation , Cravet. *conf.* 40, Cæpol. Tholos. q. 339. Masuer. *Tit. des confessions, n.* 12. *fol.* 268.

Que si le mary pour tromper ses créanciers fait donnation à sa femme, où il énonce d'avoir reçû des sommes notables de ceux qui luy devoient , les debiteurs n'estant toutes fois presens au contrat, par telle énonciative ils ne seront liberez , la

femme

femme ayant son action, le mariage estant finy, pour la repetition de sa dotte qui n'a été éxigée de son mary : D. Fab. *def.* 5. C. *de dot. caut non numerat.*

15. Les donnations à cause de nopces qui se font de survie de l'un à l'autre ne sont transmissibles aux enfans, s'il n'en est parlé dans le contrat, *l. si quis à liberis*, C. *de donat ante nupt.* car si bien la donnation à cause de nopces ne peut être revoquée par aucun repentir, parce que par le droit *censetur facta favore liberorum* : toutesfois les enfans ne peuvent rien pretendre à cause d'icelle, veuque c'est autre chose, *revocare donationem*, aliud *recurrere ad donationem*, D. Fab. *def.* 21. *in alleg. n.* 8 *in fin.* C. *de revocand. donat.*

Le donnataire estant mort, la donnation à cause de nopces est reversible au donnateur, D. Fab. *def.* 21. *in alleg. C. eod.*

Outre ce a promis & promet les Joyaux à raison de. . . .
à la forme de la coûtume du present Païs.

1. *Outre les bagues & autres ornemens que l'on donne à la femme, l'on stipule pour les joyaux diverses sommes.*
2. *Entre les Personnes illustres ils sont dûs à raison de vingt pour cent.*
3. *Les Nobles, & Gentilshommes à raison de dix pour cent.*
4. *Les Bourgeois, à raison de cinq pour cent.*
5. *Le menu peuple ne doit aucun joyaux, sinon qu'ils soient promis par stipulation expresse.*
6. *Les joyaux sont dûs à la concurrence de la dotte constituée, non pas de l'Augment.*
7. *Raisons pourquoy.*

1. PAr le droit municipal l'on a coûtume, outre les bagues & autres ornemens qu'on donne à la femme, de stipuler des sommes pour les joyaux, qui est diverse, selon la qualité des personnes qui se marient.

2. Car entre les personnes Illustres comme Marquis, Comtes & Barons, ils sont dûs à raison de vingt pour cent.

3. Quant aux Nobles, & autres Gentilshommes, à raison de dix pour cent.

4. Les Bourgeois, à raison de cinq pour cent, & ce même sans aucune stipulation ; car encor que dans le Contrat de Ma

riage il ne soit parlé d'aucuns joyaux, toutesfois ils sont dûs.

5. Les personnes de populace n'en doivent point, sinon qu'ils soient promis par stipulation expresse.

6. Lesquels joyaux sont dûs à la concurrence de la dotte constituée, non pas de l'augment.

7. La raison est afin que le mary ne soit chargé de double charge, à sçavoir de l'augment & des joyaux.

Laquelle dotte il a promis de rendre & restituër tous cas de Restitution advenant.

1. La dotte se doit rendre le mariage étant dissout & la femme a droit de retention des biens de son mary pour la restitution d'icelle, 2. Méme au préjudice des heretiers beneficiaires.

3. L'erreur est moyen pour rompre le mariage.

4. Ce n'est pas un moyen pour rompre le mariage, si l'on se marie à une fille croyant qu'elle soit pucelle, si elle ne l'est pas.

5. Il y a deux vœux de chasteté : l'un simple, l'autre solemnel.

6. Le Pape peut dispenser du vœu de chasteté pour dignes considerations.

7. Trois sortes d'alliances, la Spirituelle, la charnelle, la legale.

8. Le Compere ne se peut marier avec sa Commere.

9. Celuy qui a baptisé ne se peut marier avec celle qu'il a baptisée, sinon qu'il l'aye fait en cas de necessité.

10. Le mary & la femme ne peuvent être Parrain & Marraine ensemblement.

11. L'alliance legale qui se fait par l'adoption.

12. Le mariage est prohibé entre les ascendans & descendans jusqu'à l'infiny, entre les Collateraux jusques au cinquiéme degré inclusivement.

13. Le Pape peut dispenser de se marier entre les Collateraux outre le premier & second degré, sinon aux Princes.

14. L'impuissance naturelle ou accidentelle est un moyen pour rompre le mariage.

15. L'impuissance aprés le mariage consommé ne peut rompre le mariage.

16. Le mariage contracté par force & crainte est nul : la copulation charnelle suivant le mariage contracté par force, le rend valable.

17. Le mariage entre des personnes de diverses Religion, est nul.
18. Les Prêtres & autres liez aux Ordres sacrez, ne se peuvent marier.
19. La Chasteté recommandable aux Prêtres.
20. La dotte ne se doit rendre qu'aprés la mort de la femme.
21. Le mary pendant sa vie est maître des fruits de la dotte de sa femme.
22. Le mary peut rendre la dotte pendant le mariage sa femme n'étant encor morte.
23. Raisons pourquoy.
24. A qui les biens parafernaux & avantif apartiennent, ou au mary, ou à la femme, & aprés la mort de la femme si le mary est tenu de les rendre.
25. La femme qui a commis l'adultere, ne peut repeter sa dotte, ny moins les dons qui luy ont été faits par le mary.
26. Les heritiers du mary ne peuvent opofer à la femme qu'elle est adultere, si luy même de son vivant n'en a fait aucun plaintif.
27. La femme veuve qui vit licentieusement, ne perd sa dotte, mais seulement les dons qu'elle a reçu de son mary.
28. Si la femme se remariant avant l'année de duëil, perd son augment.
29. Aprés la mort du mary la femme peut demander ou la restitution de ses droits dottaux, ayant le choix d'agir contre les heritiers du mary, ou contre ceux qui ont constitué la dotte.
30. Trois cas differens pour l'intelligence de cette proposition.
31. Le fonds acheté par le mary de l'argent de la dotte, n'est dottal.
32. Comme cela se doit entendre.
33. La Mére ne peut demander la restitution de ses droits dottaux, qu'elle n'aye rendu compte à ses enfans.
34. La Mére ayant rendu ses comptes, & iceux étant clos, & affinez, l'on ne peut retenir la dotte sous pretexte de revision.
35. Si bien le mary a legué à sa femme l'usufruit de tous ses biens, elle pourra neantmoins demander sa dotte.
36. Les femmes peuvent demander l'affecuration des droits dottaux pendant la vie de leur mary.
37. La femme peut agir sur les biens du Pere de son mary, si tant est qu'il vienne à déchoir de ses commoditez.
38. Comme telle proposition doit être entenduë.
39. Les enfans aprés la mort de leur Mere, peuvent agir pour l'affecuration des droits dotaux d'icelle.

40. La femme quand elle agit pour l'affecuration de fes droits dotaux, elle doit prouver la pauvreté de fon mary ; mais quand elle fe defend, elle n'y eft pas obligée.

41. Pour l'affecuration l'on procede *ad largam aftimationem* à favoir, au tiers de plus, & l'on donne à la femme des fonds non pas de l'argent.

42. Le mary n'eft obligé de rendre la dotte au Pere de fa femme, laquelle a laiffé des enfans furvivans s'ils meurent avant leur Pere.

43. L'eftranger conftituant dotte avec paction, *qu'aprés la mort de la femme, la dotte feroit reverfibble, la femme étant morte,* encor qu'elle aye laiffé de enfans, il faudra rendre la dotte.

44. La femme ne peut demander caution pour la reftitution de fes droits dotaux.

45. Comme fe doit entendre cette propofition.

46. La femme ne peut demander la dotte qu'aprés la mort du düeil.

47. Comme cette propofition fe doit entendre.

48. Pendant l'année du düeil ne font dûs aucuns interêts à la Veuve.

49. Raifons pourquoy.

50. La femme s'étant nourrie pendant l'année du düeil, fans fommer les héritiers de luy donner fes alimens, ne les peut demander en aprés.

51. La femme ayant emprunté de l'argent pour fe nourrir, le peut repeter de fes héritiers.

52. La femme a les mêmes priviléges fur les biens de fon mary, pour les alimens, pendant l'année du düeil, que pour la dotte.

53. La femme ne peut agir par action réelle contre un tiers.

54. La femme fe remariant pendant l'année de düeil, perd fes alimens.

55. Les femmes doivent demeurer une année en düeil aprés la mort de leurs maris.

56. Fable raportée par Efope fur le düeil.

57. Raifons pourquoy la femme doit demeurer une année fans fe remarier.

58. Les femmes aprés la mort de leurs maris ne fe doivent jamais remarier.

59. Chez les Romains les femmes qui ne fe remarioient étoient **couronnées de la couronne de pudicité.**

60. Les secondes nopces ne sont accompagnées ny d'honneur, ny de bonheur.

61. Dire de Porria.

62. Les peines ordonnées par le Droit Civil contre les secondes nopces, ont lieu maintenant, sinon l'infamie qui a été levée par le Droit Canon.

63. Comme il faut entendre cette proposition.

64. La femme qui s'est remariée, ne peut être Tutrice de ses enfans.

65. La femme s'étant remariée, ne peut plus laisser à son mary qu'à un de ses enfans.

66. Si la femme peut plus laisser aux enfans du second lit, qu'à ceux du premier.

67. Diverses opinions sur ce sujet.

68. La femme qui se remarie perd la proprieté de tout ce que son mary luy a donné.

69. Raisons pourquoy.

70. Les hommes se remariant sont sujets aux mêmes peines que les femmes.

71. Il faut que la femme qui veut avoir son augment en argent, donne caution.

72. Les biens du second mary sont obligez tacitement pour la reddition des comptes des enfans du premier lit.

73. La femme qui s'est remariée, n'ayant fait pourvoir de Tuteur à son fils impubere, est privé de la succession d'iceluy.

74. La Mére doit recourir au Prince pour se pouvoir remarier avant qu'avoir fait pourvoir de personne legitime à son fils.

75. La Mére qui se remarie ne peut retenir son fils avec soy pour l'élever.

76. La Mére par le convolat en secondes nopces est privée de la proprieté de l'hoirie de son fils mort intestat, & succede tant-seulément à l'usufruit.

77. Le fils ayant institué sa mére par testament, si elle se rémarie, elle perd la proprieté.

78. Si la Mére qui s'est remariée ayant été instituée heritiere par son fils à l'usufruit de sa legitime, iceluy ayant institué ses deux freres germains en la proprieté de tous ses biens, & leguera à ses sœurs une somme moyennant laquelle il les exclud de son hoirie, si elles pourront demander la proprieté de la legitime de leur Mére, laquelle a été instituée en l'usufruit seulement, & ce comme heritiers de leur Mére, ou vrayement de leur chef.

79. Si la fille ayant renoncé, perd le domaine que la loy luy donne, son Pére ou Mére s'étant remriez.

80. Diverses opinions des Docteurs pour l'intelligence de cette proposition.

81. Si le mary ayant legué à sa femme une somme pour en disposer comme bon luy semblera, tant entre vif, qu'à cause de mort ; la femme venant à se remarier, pourra demander tel legat à son second mary, au préjudice des enfans du premier lit.

1. LA dotte se doit rendre le mariage étant dissout, & rompu par la mort, & la femme a droit de retention des biens de son mary pour la restitution de ses droits dotaux, même au préjudice de ses héritiers ; quoyque sous benefice d'inventaire, 2. & de la loy, D. Fab. *C. de jur. dot.* & ainsi le Senat a jugé en l'année 1626. pour la Veuve du Sieur de la Beie, contre le Sieur Duverger héritier avec benefice d'inventaire & de la loy, du Sieur de Beie. De plus si la femme demande de se separer de son mary à cause des mauvais traitemens qu'elle reçoit de luy, pendant le procés sera obligé de l'alimenter, & la Sentence de separation ayant été renduë par l'Official, il faudra qu'il rende la dotte avec l'augment, §. *mitiores*, *auth. de nupt.* Thes. *cum ib. citat. dec.* 130. *per tot.* Les causes pour lesquelles la femme peut demander la separation de lit, ou le mary peut requerir de quitter sa femme, sont écrites au § *mitiorem*, *auth. de nupt. Item cap. Mulieres de donat. inter vir & uxor & de dot. post divort. restituenda.*

Il y a encore des autres moyens par lesquels le mariage se peut rompre, qui sont specifiez en ces Vers suivans :

Error, conditio, votum, cognatio, crimen,
Cultus disparitas vis, ordo, ligamen, honestas,
Si sis affinis si fortè coire nequibis
Hæc facienda vetant connubia facta retractant.

3. Il n'y a personne si hebeté & hors de jugement qui se voulant marier prenne une fille pour l'autre, & ce seroit avoir peu d'esprit que de se laisser surprendre de la sorte ; si toutesfois par quelque artifice l'on suposoit une fille pour l'autre, telle suposition feroit que le mariage seroit nul, parceque l'essence manqueroit, qui est le consentement.

4. Toutesfois si l'on épousoit une fille croyant qu'elle fut pucelle, ne l'étant pas, cela n'est pas un moyen suffisant pour rompre le mariage : tout ainsi que par le Droit Civil, la vente

tient si l'on achete une femme pour pucelle qui ne l'est pas : aussi Ulpien dit *in l. aliquin, ff. de contrahend. empt. Si quis Virginem emere putasset cum mulier venisset, & siens errare, cum venditor passus sit redhibitionem quidem ex hac causa non esse, verum tamen ex empto competere actionem ad resolvandam emptionem v. pretio restituto mulier reddatur.* Autresfois chez les Juifs l'on si épousoit une fille croyant qu'elle fût pucelle, si elle ne l'étoit pas, le mary pouvoit quitter sa femme qui étoit lapidée comme adultére.

Pour plus grande intelligence de ce que dessus a été dit, il faut sçavoir qu'il y a quatre sortes d'erreurs : L'une de la personne, l'autre des richesses & biens de la fortune, & l'autre de la qualité : quant à l'erreur de la personne & de la condition, tel manquement fait que le mariage est nul; pour les autres deux il ne laisse de subsister, parceque les biens de la fortune, ny la qualité des personnes ne font rien au mariage.

5. Il y a deux Vœux de Chasteté, l'un solemnel, & l'autre simple. Le solemnel est celuy que l'on fait lors que l'on prend quelque Ordre sacré, ou bien lors qu'on fait Profession dans quelque Religion, laquelle Profession est expresse ou tacite, *cap.* 1. *de voto, lib.* 6. Toutesfois le Pape, pour dignes considerations, pourra dispenser de tel Vœu solemnel, 6. afin que celuy qui l'a fait, soit Prétre ou Moine se puisse marier : *cap. veniens qui cleri. vel voventes,* Gloss. *in cap. proposuit, de concess. prebend. Cap. cùm ad Monasterium de stat. Monach.* Joan. Andr. *ad regulam semel Deo de reg. jur. in 6.*

L'autre vœu de chasteté s'apelle simple, qui ne rompt le mariage, toutesfois il empêche que l'on ne se puisse marier, *cap. 3. & seqq. ext. qui cleri vel vovent.*

7. Il y a trois sortes d'alliance ; l'une spirituelle, l'autre charnelle, l'autre legale : la spirituelle est celle qui se contracte par le moyen du Saint Sacrement de Baptême, ou Confirmation ; estant defendu au compere de se marier avec sa commere. *Cap. Mortuus, de cognat spirituali*, & si pendant le mariage le mary tient sur les Fonds Baptismaux un enfant, la femme sera aussi - bien Commére comme le mary Compére, parce que le mary & la femme ne sont qu'une même chair.

9. Celuy qui a baptisé ne se peut marier avec celle qu'il a baptisée, sinon qu'il l'aye fait en cas de nécessité, ne se trouvant des autres personnes pour faire telles Fonctions : *Cap. ad limita 30. q. 1.*

10. Le mary & la femme ne peuvent être en même-tems & ensemblement Parrain & Marraine : *Cap. quod autem, 30. q. 4.*

11. La legale est celle qui se fait par l'adoption : les Curieux pourront voir les questions qui sont traitées par les Docteurs, au titre des Digestes & Instituts *de adoptionibus.*

12. Quant au parentage charnel il faut sçavoir que le mariage est deffendu entre les ascendans & descendans jusques à l'infiny : les collateraux, jusques au cinquiéme degré inclusivement. Toutesfois le Pape, pour des dignes considerations peut dispenser de se marier entre les collateraux. 13. hors le premier & second degré, qui est la sœur & la niéce, sinon entre les Rois & les Princes : aussi Dieu dit au chapitre 18. du Levitique *Filiam filia ejus non sumas quia una caro sunt.*

14. L'impuissance est un moyen aussi pour rompre le mariage, qui est naturelle ou accidentelle. La naturelle, quand quelqu'un ne peut faire les fon-

ctions du mariage, à laquelle impuiſſance l'on ne peut mettre aucun remede ; alors ſi aprés trois années le mal perſevere , les mariez ſe pourront preſenter au Juge Ecléſiaſtique pour rompre le mariage : *Cap. laudabilem ext. de frigid. & maleficiat , ſed ubi ſtatim conſtare poſſet de ea impotentia coëundi , talis terminus & cohabitatio non eſſet expectanda , Panorm. ad idem caput.*

15. L'accidentelle eſt lors que par charmes, ſortileges, noüement d'éguillettes, les mariez ſont incapables de rendre le devoir du mariage ; & ſi tels enchantement durent long-tems, de ſorte qu'ils ne puiſſent être défaits par prieres ou autrement, alors les Parties pourront faire comme il a été dit cydevant, afin de rompre le mariage, & ſe ſéparer les uns des autres. Si toutesfois telle maladie arrive naturellement, ou par art diabolique aprés que le mariage a été conſommé, il ſubſiſtera, & ne pourra être rompu par la maladie qui eſt arrivée de nouveau. De plus, la ſterilité & la lépre ne ſont des moyens pour rompre le mariage conſommé, *Can. tantum valet*, 32. q. 7.

16. Le mariage contracté par force & crainte, eſt nul & de nul effet ; parceque les actions volontaires entre leſquelles le mariage eſt, doivent être libres : & les vrayement libres ſont celles eſquelles il dépend de nous conſulter, & faire choix : ce qui ne ſe peut ~~ſans~~ faire, lors que l'on eſt contraint par force ou crainte de quelque mal preſent, qui leve la lumiere au jugement, & l'empêche d'éxercer les fonctions avec liberté : toutesfois ſi aprés le mariage ainſi contracté par force & crainte, la copulation charnelle s'enſuit, il ſera bon & valable, & ne pourra être rompu, ſous prétexte de telle force &

crainte ; parce que l'acte poſterieur, qui eſt la conſommation , purge la crainte & la force ; veu que par le dernier acte, le premier eſt ratifié , ceſſant alors toute exception de force & crainte , *l. ſi per vim , C. de his quæ vi , morúſve causâ fiunt.*

17. Les perſonnes de diverſe Religion ne ſe peuvent marier enſemblement ; & s'ils le font , tel mariage eſt nul : comme ſi un Chrêtien épouſe une infidéle : auſſi S. Paul dit *Nolite ducere jugum cum infidelibus :* & maintenant la femme ne peut être contrainte de retourner avec ſon mary s'il a changé de Religion , & elle veut entrer dans un Monaſtére , *Cap. de illa , de divortio , & cap. ult. de converſ. conjug.*

18. Les Prêtres & autres liez aux Ordres ſacrez ne ſe peuvent marier, toutesfois le Pape , pour dignes conſiderations , entre les Princes & les Rois, peut diſpenſer & permettre de ſe marier, nonobſtât tels Ordres ſacrez , ou s'ils ſont ja mariez confirmer tel mariage , *Cap. quiâ circâ , in fiat de ſanguinitate.*

L'on apelle Ordre ſacré Subdiaconat, Diaconat, & la Meſſe ; car la premiere Tonſure , & les quatre Moindres n'empêchnt que l'on ſe puiſſe marier.

19. La virginité ayant été recômandée aux Prêtres de tout tems , mêmemeht chez les Païens ; d'autant que pour ſacrifier , il faloit être hors de toute tache & macule , *nihil temerariũ , nihil inſipiens in Deorũ conſecratione eſſe debet , vel quod ulla , vel leviſſimã , aut turpidinis , aut ullius omninò imprudentia ſuſpicionem afferat :* Et un Ancien parlant des Prêtres de ſon tems , dit qu'ils avoient la chaſteté en telle recommandation *ut in caſta Religione manerent, & procul à contagio mulierum agerent , & ſoliti erant quibuſdam herbis evirari , & virilitatem amittere.*

Les Prêtres d'Egypte , au raport de Plutarquē,

gardoient leur chasteté soigneusement, s'abstenant de toutes viandes qui pouvoient inciter à la luxure. Saint Jerôme parlant de la vertu de chasteté, qui doit reluire aux Prêtres sur toutes les autres vertus : *Quid tibi cum fœmina qui cum Domino altari famularis :* Aussi les Prêtres, comme vrais Temples de Dieu, & qui sacrifient tous les jours l'Hostie du Fils de Dieu à son Pére Eternel, doivent briller par dessus les autres comme des Soleils : c'est pourquoy S. Augustin dit, *O Sacerdos si altitudinem Cæli contéplaris, altior es : Si pulchritudinem, pulchrior : Si Angelorum discretionem, discretior ; Si omnium sublimitatem sublimior es, solo tuo Creatori inferior es.*

20. Par commun axiome la dotte ne se doit rendre, sinon aprés la mort de la femme, le mariage étant finis. 21. Les raisons en sont, que le mary pendant la vie de la femme en est maître, du moins util, les fruits luy apartenans, qui luy sont aquis, afin de suporter les charges du mariage, *l. quamvis, 5. ff. de jur. dot.*

22. Il y a toutesfois certains cas où le mary peut rendre la dotte à sa femme pendant le mariage : si par ce moyen elle peut mieux faire ses affaires : par éxemple, si elle veut acheter quelques fonds specieux de l'argent de sa dotte, ou bien payer ses dettes : si elle veut secourir ses enfans, ou autres de ses Parents reduits en extrême pauvreté : ou employer l'argent pour la rançon & rachat de quelqu'uns de ses Parens detenus entre les mains des ennemis, *l. quamvis, 2. ff. solut. matrim. l. Mutus 73. §. Manente. ff. de jur. dot.*

23. Le mary n'étant obligé à aucune manutention, veuque il rend autant qu'il luy a été donné, pourveu qu'il n'y aille du sien : car alors il sera obligé à

l'éviction & manutention en ce qui ſera de ſon fait.

24. L'on a dit cy-devant que les fruits des biens de la femme apartenoient au mary ; ce qui s'entend des biens dotaux : mais quant aux parafernaux & adventifs , les Docteurs diſputent cette queſtion diverſement : quelques - uns faiſant diſtinction de deux ſortes de fruits , les uns qui ſont naturels, les autres induſtriëls.

L'on apelle les fruits naturels ceux qui croiſſent ſans aucun travail : les induſtriëls , où l'induſtrie & le travail de l'homme eſt néceſſaire. Quant aux na-turels , ils diſent qu'ils ſont aquis à la femme : pour les induſtriëls qu'ils apartiennent au mary , ſi tant eſt qu'ils ayent été convertis & conſumez pour le commun uſage.

Les autres ſont d'opinion que les fruits des biens parafernaux & aventifs apartiennent indifferément au mary, ſoit qu'ils ſoient naturels, ou induſtriëls : parce qu'il y a de l'induſtrie de l'homme, auſſi-bien aux uns qu'aux autres , ſi ce n'eſt à la procuration , du moins à la conſervation : tellement qu'ils ſont aquis au mary , ſi tant eſt qu'ils ayent été conſumez également par l'un & l'autre du conſentement de la femme : Mais quant à ceux qui ſont en être , ils apartiennent à la femme , non pas aux héritiers du mary.

Que ſi l'on ne peut être certain de la volonté de la femme ſoit tacite ou expreſſe ; ſi la femme les demande aprés la mort du mary, c'eſt ſigne qu'elle n'a jamais eû intention de les luy laiſſer : & ſi bien le mary les a perçû , c'eſt plûtôt par reſpect qu'elle luy devoit, qu'autrement. Pourtant les héritiers de la femme ne les pourront demander ; parce que, l'on préfume que la femme ayant donné fon corps à fon mary, a voulu qu'il joüit des fruits de fes biens, n'en ayant reclamé pendant fa vie. C'eft ce que raporte Mr Thefaure en la queftion 187. Que fi le mary les a converty à fon profit, il fera tenu de les rendre ou la valeur d'iceux, & alors il eft préfumé de les avoir converty à fon profit. S'il eft grandement riche, de forte que le revenu de fon bien, foit capable de fon entretien & de fa famille ; de forte qu'il n'aye confumé les fruits des biens parafernaux & adventifs, les revenus des fiens étant plufque fuffifant pour la dépenfe de fon ménage ; tellement que les héritiers du mary feront tenus à la reftitution d'iceux, foit l'eftimation, & les biens du défunt demeurerôt hypotéquez pour cela : Ráchin *ad quæft.* Guid. Pap. 463. qui cite des autres Docteurs.

25. Entre les peines qui ont été établies contre les adultéres, ont été diverfes felon les lieux où tel forfait étoit commis. Chez les Juïfs telles perfonnes étoient lapidées. Les femmes des Atheniens qui commettoient des adulteres, étoient chaffées du Temple, dépoüillées des ornemens qu'elles portoient fur elles, & non-feulement cela fe pratiquoit entre les Atheniens : mais encor parmi les premiers Chrêtiens, témoin une nommée Marcina, laquelle tenant mauvaife vie avec un Jean Duras Empereur, comme elle voulut entrer dans l'Eglife que l'Empereur avoit fait rebâtir, elle fût repouffée par les Moines de Bleminidas, hommes craignant Dieu : auffi Nicephore dit fort bien, *Nefariam & impudicam mulierem impuris & profanis pedibus fuis, facrum pavimentum calcare nefas effe.*

Outre telles peines les Loix ont ordonné que la femme adultere ne peut repeter fa dotte, moins

encor les dons & presents faits par son mary ; mais
que le tout fut aquis à ses héritiers : la raison en est
que les loix n'ont pas voulu souffrir l'injure qui étoit
faite par la femme qui avoit soüillé le lit de son mary, *Cap. plerumque, ext. de donat. inter vir. & uxor.
& ibi* DD. *Gloss.* Mais il faut que le mary de son vivant en fasse les plaintes : 26. car autrement les heritiers ne seront recevables d'en oposer aprés la
mort du défunt qui n'en a pas reclamé, & a passé
sous silence telle injure, par le moyen duquel il
semble d'avoir pardonné tel forfait : Guid. Pap. *q.*
214. Boër. *q.* 338. *n. 7. & 8.* Bald. *à l. rei judicate,* §.
fin. ff. solut. matrim. Et non-seulement la femme adultére, par disposition du droit Civil, perd sa dotte :
mais le mary, ny ses héritiers ne sont obligez de
luy donner aucun aliment. Et telle est l'opinion des
Docteurs : Ferrar. *ad q.* Guid. Pap. 339. Didac. *lib.* 3.
variar. resolut. cap. 13. *n.* 7. Si toutesfois elle n'avoit
dequoy s'entretenir, l'on luy donneroit les alimens
Arbitrio Judicis, idque ex æquitate Canonica.

27. Mais quant à la Veuve qui vit licentieusement
& impudiquement, elle ne perd pas sa dotte, mais
seulement les dons qu'elle a reçû de son mary, qui
semblent ne luy avoir été fait sinon afin que pendant le mariage elle luy tient la foy promise, & au
tems de sa viduité conserva sa chasteté, honora la
mémoire de son mary défunt.

La raison pour laquelle la femme qui vit mal pendant sa viduité ne perd que les presens & bienfaits
qu'elle a reçû de son mary, & la femme adultére
perd sa dotte, est que l'adultére & le stupre sont
deux choses, & que la femme aprés la mort du mary n'est plus en sa puissance : Cravét. *Conf.* 205.

28. La femme qui se remarie avât l'année du dueïl,

si elle n'a aucun enfans , ne perd pour autant son augment ; car si bien par le droit Civil quelques peines ont été imposées aux femmes qui s'étoient remariées avant l'année dûeil, elles ont été abolies par le Droit Canon, selon lequel les Cours Souveraines jugent maintenant : aussi S. Paul dit, *Mulier mortuo marito soluta est à lege viri , nubat in Domino.* Tellement que faisant ce que la loy luy permet, elle ne doit souffrir aucune peine.

D'autant plus que selon nos coûtumes l'augment n'est pas donné par le mary par forme de don, mais *ex necessitate legis municipalis*, à cause de la défloration , la virginité ne pouvant recevoir aucune récompense ; car étant perduë , elle ne se peut récouvrer : Aussi Apulée dit , *Sola virginitas cum semel accepta est, reddi nequit, sola apud maritū ex rebus dotalibus remanet , nulla arte reparabilis pudicitia est.* Et partant elle doit être privilégiée. Et Quintillien *Virginitatē perdidit , florem ætatis amisit & qui prima illa gratia apud maritū futura perempta est,* & de cette opinion est Mr le Président Favre, *def.6. C. de secund. nupt.* Les Curieux pourront voir Mr Duarez dans ses œuvres politiques, dés le feüillet 759. jusques au 813. où il a raporté un Arrest par lequel il fût dit que la femme qui s'étoit remariée perdoit tout ce qu'elle avoit reçû de son mary, suivant le sentiment de Balde : les raisons qu'il en raporte sont, que la femme fait injure à son mary se remariant dans l'année de dûeil, ayant perdu la mémoire de ses cendres si-tôt aprés sa mort : car la loy feint que le mariage subsiste pendant ce tems; les héritiers étant obligez de nourrir la Veuve dans la maison du défunt , & luy fournir des robbes & autres choses nécessaires, selon sa condition & celle de son mary.

29. Aprés la mort du mary la femme a droit de demander la restitution de ses droits dottaux, pouvant agir ou contre les héritiers du mary, ou contre ceux qui ont constitué la dotte.

30. Pour l'intelligence de cette question il faut faire distinction de trois cas differens, qui sont marquez dans la loy *Si extraneus dotem, ff. de jur. dot.*

En premier lieu, si la femme constituë la dotte à son mary & ne la luy délivre pas, alors elle n'a point d'action contre ses héritiers ; parcequ'elle s'enrichiroit à son préjudice, ce qui est deffendu par disposition de droit.

Le second cas est, si le Beau-pére constituë la dotte, & le mary ne la retire pas à cause de l'honneur & amitié qu'il luy porte, la femme ne pourra agir contre les heritiers du mary pour la restitution d'icelle.

Que si le Beau-Pére est mort, il faut que le mary l'exige de ses heritiers, autrement la femme la pourra prendre sur les fonds de son mary, sauf aux heritiers du mary de se pourvoir contre ceux du Pére de la femme pour leur dedomagement, car cela doit être imputé à la négligence du mary qui a dû retirer la dotte des heritiers de son Beau-Pére.

Que si la femme est heritiére de son Pére avec ses autres freres, soit par Testament, ou *intestat*, il faut prendre la dotte également sur l'hoirie du Pére Gloss. *in verb. Soceri ex l. 2. C. de Collat.*

La troisiéme espece est de l'étranger qui constituë la dotte gratuitement, ou necessairement ; quant à celuy qui dotte gratuitement, il n'est tenu qu'à ce qu'il peut faire, *nam qui ex liberalitate conveniuntur in id quod facere possunt condemnandos Divus Pius rescripsit.*

Que si celuy qui dotte, encor qu'étranger, est obligé de le faire, comme la Mere, le Frere & autres à faute du Pére ; si bien le mary n'a retiré la dotte ; toutesfois la femme peut agir contre ses heritiers : parceque le mary l'a dû retirer pendant sa vie.

Ce qui se dit pour la restitution de la dotte, a aussi lieu à l'assecuration : tellement que la femme ne pourra demander davantage pour l'assecuration que le mary aura reçû, si tant est qu'elle, ou son beau-pére ayent constituez la dotte : mais quant à l'étranger : c'est autre chose, & il faut faire les mémes distinctions pour l'ass. curation que pour la restitution, D. Fab. *def.* 50. *C. de jur. dot.*

31. Le fonds acheté par le mary de la dotte de la femme n'est pas dotal ; tellement qu'elle n'y aura aucune action *l. ex pecunia, C. de jur. dot. l. Multum C. si quis alteri, vel filii :* Cela se doit entendre si le mary a d'ailleurs dequoy pouvoir rendre la dotte de sa femme, *Gloss. in delib. ex pecu. in Verbo Providebit.* Que s'il n'a dequoy pour la restitution de la dotte, 32. elle pourra agir sur le fonds acheté de l'argent d'icelle, comme dotal, ayant premierement discuti les autres biens de son mary, *l. Uxor marito, in fin. ff. de donat. inter vir. & uxor.* Et il faut entendre cette loy, §. *de jure dotium* qui ne fait contre cette proposition, à savoir, que le fonds acheté de l'argent de la dote, est dotal, si par le consentement de la femme le fonds a été acheté, alors il sera dotal ; que si elle n'en a prêté aucun, il ne le sera pas : tellement qu'elle pourra agir sur iceluy par revendication.

33. La mere ne peut demander la restitution de ses droits dotaux qu'elle n'aye rendu compte à ses enfans de l'administration de leur bien, quand même

il auroit été dit par le Testament du Pere. *Qu'il veut que la Mere ne rende aucun compte à ses Enfens: Videtur enim tantum remissa scrupulosa remissie rationum*, *l. 5.§. Julianus*, *l. Quidam ff. de administr. Tut.* parce que la dotte est obligée tacitement pour la redition des comptes, *l. pro officio 20. C. de administr. Tut.* Ce qui se doit entendre aux enfans tant seulement, non pas du tiers, sinon qu'il aye droit des enfans à qui la mere le doit rendre : Toutesfois si les creanciers agissent sur les biens du mary, & qu'elle soit en possession, elle se pourra opposer pour ses droits dotaux, *est enim favorabili, & majore privilegio dignior mulieri quæ possessionem suam tuetur quam quæ agit* D. Fab. *Def. 46. C. de jur. dot.*

34. Que si la femme a rendu ses comptes, & qu'ils soient clos & affinez, l'on ne pourra retenir la dotte sous pretexte de la revision, la Mere ayant payé le *reliqua*, si aucun il y en a ; parce qu'elle a satisfait à ce que la Loy l'oblige, sauf de venir par action separée, *D. Fab. def. 14. C. de rei uxor. act.*

35. Si bien le mary a legué à sa femme l'usufruit de tous ses biens, néanmoins elle pourra demander sa dotte, & il faudra detraire l'usufruit des biens du mary à proportion de sa dotte, & le surplus se prendra sur le reste des biens ; & par ainsi elle pourra avoir l'usufruit & sa dotte, sans que l'on puisse dire que l'heritier soit chargé de la restitution de la dotte & de l'usufruit legué. D. Fab. *Def. 1. C. solut. matrim.* contre l'opinion de Guy Pape, en la *q.* 541. & de Monsieur Ranchin *ad d. qu. q.*

36. La loy n'a pas permis aux femmes de retirer leur dotte qu'aprés la mort de leur mary ; toutesfois voulant soulager les miseres qui pouvoient arriver pendant le mariage, si leurs maris par leurs mau-

vais ménage, viennent à déchoir de leurs moyens, elles pourront demander l'affecuration de leurs droits dotaux, même pendant leur vie, *ubi adhuc 29. C. de jur. dot. l. Si conftante 24. ff folut. matrim.* & no feulement la femme pourra agir fur les biens de fon mary, 37. mais encor contre le Pere, fi tant eft qu'il vienne à déchoir de fes commoditez.

38. Pour l'intelligence de cette propofition il faut favoir fi le beau-pere feul a retiré la dotte, ou avec le mary ; alors elle pourra agir contre le beau pere. *Gloff. in l. Vbi adhuc. & l. Si conftante ff folut. matrim.* Que fi le fils a retiré la dotte du confentement de fon pere : il faut diftinguer ou le pere l'a reçû, ou le fils, ou le pere à fon nom tant feulement, & alors il eft obligé à la reftitution, non pas le fils, finon qu'il foit heritier de fon pere ; ou il l'a retiré au nom de fon fils par fon advû, alors le pere n'y eft pas tenu, mais le fils, par fon advû, & alors tous deux font tenus à la reftitution.

En fecond lieu, quand le fils a reçû la dotte du confentement de fon pere, s'il l'a retiré par fon commandement, le pere ayant eu volonté d'obliger tous deux, alors il femble qu'ils y féront obligez tous deux. Il y a des Docteurs qui tiennent le contraire, difant, *Que le Pere eft obligé tant feulement, non pas le fils.*

Que fi le fils a reçû la dotte fans le confentement du pere, où elle a efté employée par le pere ; & alors, il eft tenu de la rendre comme ayant été convertie à fon profit : où elle n'a été employée à fon utilité, & le pere *tenetur tantum ex peculio.* Que fi le fils l'a reçû en prefence de fon pere, il n'eft obligé *nifi ex peculio filij, l. Luc. Tit. de adminift. tut.*

Sur ce point les Docteurs difputent fi le fils peut

empêcher que fon pere ne reçoive la dotte ; à quoy ils répondent, qu'il ne le peut faire s'il habite avec luy : que s'il habite feparement, il le peut : & nonobftant cela le pere fera obligé. *Argum. l. Si filia, & in l. Is ,* §. 1. *ff. de jur. dot.*

Que fi le pere ayant reçû la dotte , il émancipe fon fils , riche d'ailleurs , s'il déchoit de fes moyens, le fils ne pourra agir contre fon Pere pour l'affecuration des droits dotaux de fa femme ; mais il fe doit pourvoir par devant le Juge : afin qu'il rende la dotte qu'il a reçoë , pour fupporter les charges de mariage. Gloff. *in l.* 2. §. *Si tamen, ff. de jur. dot.*

39. Non feulement la loy a permis aux femmes de fe pourvoir de la forte ; mais encor à leurs enfans, aprés leur mort , comme leurs heritiers , *ita DD. ad l. Si conftante, ff. folut. mat.* Ripa *n.* 89. *&* 91. Bartol. *in hareditarium ff. de bon. author. indi c. poffeff.* D. Fab. *Def.* 13. *C. de bon. qua liber.*

40. Pour l'affecuration des droits dotaux , ou la femme agit ou elle fe defend : que fi elle agit au préjudice de fon mary & de fes créanciers , alors elle doit prouver le mauvais ménage & pauvreté d'iceluy , tellement que la confeffion du mary ne peut préjudicier aux creanciers ; mais il faut que la prouve fe faffe par témoins , qui dépofent de la verité du fait *Argum. l. Res inter alios acta :* Que fi elle fe defend tant feulement contre les creanciers de fon mary, elle n'eft obligée de prouver l'indigence , & il fuffit tant feulement d'alleguer fa pauvreté , fans autre preuve : 41. Ce fait on procede à l'eftimation des biens *ad largam aftimationem,* à favoir , au tiers de plus ; par exemple , fi la femme a fix cent écus de dotte , on luy relâchera des biens de fon mary jufques à huit cent écus , & ce en fonds immeubles,

non pas en argent, ny autrement : la raison 'en est, afin que le mary & la femme se puissent secourir dans leurs necessitez , & qu'elle ne demeure indottée ; car comme l'argent est perissable , il ne faudroit pas le laisser entre les mains de la femme à qui le mary le raviroit & emporteroit par force. Que si pendant tel jugement d'assecuration , le mary devenoit riche (par exemple s'il luy arrivoit une hoirie grandement grasse) selon l'opinion de quelques Docteurs, la femme ne pert tel benefice ; les autres toutesfois sont de contraire opinion , *quia cessante causa , cessat & effectus :* la femme ayant alors assez d'assurance pour sa dotte & dequoy pour s'entretenir : il faut remarquer que la femme n'est preferable aux créanciers du mary anterieurs , & ayans hypotheque anterieure , parce que entre les creanciers *qui prior est tempore , potior est jure :* & par ainsi la femme qui a droit d'un créancier chirografaire ; c'est-à-dire qui n'a que l'action personnelle , est posterieure à l'hypotecaire.

42. Le mary n'est obligé de rendre la dotte à son Beau-pére, si tant est que la femme laisse des enfans en survie, qui meurent avant leur Pére & Ayeul maternel : & c'est la décision formelle de la loy derniere , *ut legat. seu fideicom. nom. caveat.* où il est dit , *Emolumentũ hæreditatis totius ad filium defunctæ reverti debere* , à l'exclusion de l'Ayeul maternel : Et à la vérité ce seroit une trop grande cruauté que le Pére fût affligé de double perte ; à sçavoir de celle de son fils , & encore de son hoirie , comme s'il n'avoit pas assez du regret , sans augmenter davantage son affliction. C'est pourquoy , disoit un ancien *Hoc tam ex justa pietatis ratione , quam ipso doloris & misérationis intuitu parentibus indulgeri par est.*

Deplus selon les communs axiomes du droit la dotte se donne aux enfans qui naissent de ce mariage, & à leur contemplation comme dit le Jurisconsulte, *in l. 1. ff. solut. matri.* Aussi le Poëte dit :

Sæpe pater dixit generum mihi filia debes,
Sæpe pater dixit debes mihi nata nepotes.

Tellement que la dotte étant aux enfans, l'hoirie du fils mort doit apartenir au Pére, non pas à l'Ayeul, comme étant plus éloigné en degré, & ainsi le Senat a jugé entre Mr Favier, & Mr le Senateur Vulliert, contre l'opinion de Guid. Pape, qui dispute telle question; car à la vérité il y a bien de difference du droit de reversion à celuy de succession, *quia dos à patre profecta ad patrem redire debet, nullis ext. liberis*, & alors la reversion n'a lieu en faveur de l'Ayeul.

43. Que si c'est un étranger qui constituë la dotte avec paction expresse qu'aprés la mort de la femme la dotte luy seroit renduë, si elle meurt ayant laissé des enfans la dotte sera renduë à l'étranger, *l. fin. §. 1. verf. Nisi, C. de jur. dot. eod. tit. l. Ob. res §. 1. eod. tit.* Guid. Pap. *qu.* 523.

44. Si bien la femme aprés la mort du mary peut demander la restitution de ses droits dottaux ; toutesfois elle ne peut demander caution pour la restitution, *ut tot. tit. ne fidejussor dot. dent.* mais il faut faire quelques distinctions pour l'intelligence de ce tître ; à sçavoir que la femme ne peut demander caution à son mary pour garder la dotte, & ainsi est conçû le Tître *ne fidejussor dot. dent.* Elle peut néanmoins demander caution, afin qu'on la loge en lieu assuré, veuque si cela n'étoit ils s'ensuivroient des notables inconveniens : car par ce moyen la femme demeureroit indotée si elle n'avoit où recourir pour la restitution d'icelle, cas advenant

qu'aprés la mort de son mary il ne se trouvât dequoy en son hoirie pour le payement : Gloss.*in l.*1. *in Verbo vir uxori,C. ne sidejussor dot. dent.& ib. DD.* contre l'opinion d'Aïon , & Accurse, disans, sans faire aucune distinction,*que la femme ne peut demander caution, soit pour la restitution, soit pour la conservation.*

46. Le droit a donné l'action à la femme pour la restitution de ses droits dotaux, aprés la mort de son mary, contre ses héritiers : toutesfois il a dóné un tems pour le payement qui est d'une année, qui s'apelle l'*Année du duëil* , pendant laquelle les héritiers sont obligez de nourrir & entretenir la Veuve dans le logis du défunt, comme aussi de luy fournir des robbes de duëil, le tout selon sa qualité & commoditez de son mary. 47. Cela se doit entendre si la dotte est en argent, parce qu'il ne peut pas être si-tôt trouvé par les héritiers. Que si elle est en fonds , il la faudra rendre incontinent aprés la mort du mary, 48. Pendant laquelle année ils ne seront tenus de donner aucuns interêts, 49. parce que pendant l'année du duëil le droit feint que le mariage subsiste encor : Bart. & DD. *in l. Divortio, ff. solut. matrim.*

50. Que si la femme s'est nourrie pendant l'année du duëil sans sommer les héritiers de luy donner ses alimens, elle ne sera reçûë à les demander en-aprés: car ne les ayant demandé au tems qu'il falloit, il semble qu'elle les aye donné aux héritiers. Que si bien l'on dit la cause des alimens être grandement favorable, cela se doit entendre des alimens presens, non pas des passez : & c'est la commune opinion des Docteurs , au raport de Mr Thesaure *Decis.* 44. Toutesfois, 51. si elle a emprunté de l'argent pour se nourrir, les héritiers seront tenus de

luy donner ſes alimens encore qu'elle ne les aye demandé.

52. La femme a les mêmes prérogatives & priviléges ſur les biens de ſon mary pour les alimens pendant l'année du duëil, que pour la dotte & robbes : Toutesfois elle ne peut agir contre un tiers pour le payement d'iceux, 53. & notamment s'ils ſont demãdez aprés l'année de duëil : 54. Toutesfois ſi la femme eſt remariée pendant l'année, l'on n'en doit aucuns, *Cujus in l. fin. C. de bon. Maternis.*

55. Il a été ordonné fort ſagement que les femmes demeuraſſent une année en pleurs & gémiſſemens, ſans ſe marier, avec des habits de duëil : Auſſi Eſope n'a pas mal dit, quoyque fabuleuſement, lors qu'il raconte qu'en la compagnie des Dieux il ſe trouva un nommé *Duëil*, qui comparut devant Jupiter lorſqu'il diſtribüoit les honneurs entre les Dieux, & voyant qu'on le laiſſoit ſans luy en faire aucune part, aprés qu'il eut remontré qu'on luy faiſoit tort, il fut conclu qu'il en auroit ſa part, luy ayant aſſigné de preſider aux femmes pendant une année aprés la mort de leur mary.

57. La raiſon pour laquelle les femmes doivent demeurer une année ſans ſe remarier, eſt afin d'éviter les inconveniens qui s'enſuivroient à cauſe de la confuſion des ſemences, car il pourroit arriver qu'étant enceinte de ſon premier mary peu avant ſa mort, l'on ne pourroit juger à qui l'enfant ſeroit, ou au premier ou au ſecond : veuque la femme a quatre tems auquel elle enfante, à ſavoir, à ſept, huit, neuf, dix mois. Ariſtote toutesfois dit qu'il y en a qui ont enfanté à onze mois, & ſuivant cette opinion l'Empereur Adrian donna l'hoirie à un fils poſthume né à onze mois, ayant fait conſulter le tout aux Medecins

qui étoient pour lors à Rome : voicy comme parle Aristote, *Unum pariendi tempus statutum est omnibus animalibus homo autem & septimo & octavo, ac nono parere potest. & quod plurimum decimo, nonnulla etiam undecimum tangunt.*

58. Non seulement les femmes doivent demeurer une année en viduité aprés la mort de leurs maris, mais elles ne devroient jamais se remarier si elles étoient bien advisées, & imiter les choses qui sont sans aucun sentiment. Pline raconte en son Histoire naturelle que la Palme aprés que son mâle est mort, ne accroit autre auprez de luy, mourant peu de tems aprés.

59. Valere le Grand écrit que les femmes qui ne se remarioient point chez les Romains étoient honorées d'une couronne de pudicité, qui leur étoit donnée en témoignage de la fidelité qu'elles ont gardées à leur premier & unique Epoux, n'ayant donné leur corps à autre qu'à celuy à qui elles avoient consacré leurs fleurs virginales, & Plutarque, *Problemate 99. Quid est,* inquit, *quod publicis festis veteri more Virgines non nubunt, viduæ nubunt, an quod virginibus decorum, viduis vero præsentibus fœdum nubere. Fœlices ac fausta prima nuptia, secunda verò tristes ac detestanda, &c.* 60. Aussi les secondes nopces ne sont accompagnées ny d'honneur ny de bonheur. 61. Et Portia femme de Brutus disoit de son tems : *Fœlix & pudica matrona non nubit nisi semel.*

62. Les peines ordonnée à ceux qui se remarioient tant par le Droit Civil que Canon, montrent assez comme tels mariages sont remplis d'infortunes, & calamitez : & si bien par la Loy Evangelique, il a été permis de se remarier ainsi que dit Saint Paul, *Mulier mortuo viro soluta est à lege viri, nubat in domino,* parce que *Melius est nubere quàm uri.* Et S. Jerôme, *Secundas nuptias non appetimus, sed concedimus,* par une certaine indulgence qui n'exempte pas de tache, comme s'il disoit avec la Loy, *Indulgentia quos liberat notat,* & si bien l'infamie qui étoit attachée aux secondes nopces, a été levée par le droit divin, toutesfois le même droit n'a pas voulu deroger aux autres peines établies par le droit des gens & civil.

63. Le Droit Canon n'a pas permis que ceux qui se remarioient pussent aspirer à aucunes dignitez Ecclésiastiques, ne pouvant être admis aux Ordres sacrez, comme il est decidé *Tot. tit. de Bigam. non ordinand.* & anciennement chez les Romains cela étoit observé. Les Prêtres d'Egypte ne pouvoient être mariez qu'une fois, ainsi que Diodorus Brutus nous aprend *lib. 2. cap. 3. & Pausanias, in acaicis, lib. 7.* dit que la Prêtresse du Temple

de la terre ne pouvoit être mariée qu'une fois.

Le Droit Civil a reprouvé de tout tems tels mariages, & afin de contenir les femmes dans leur devoir, il a imposé des peines contre celles qui se remarioient, afin de faire éclater davantage la vertu de celles qui n'outrepassoient les Loix : aussi Tertullien dit fort bien, *Virginitas gratia constat, continentia verò virtus,* veuque celle se peut dire vrayement vertüeuse est capable de loüange, *qua unam domum novit unius cubiculi sanctitatem casto pudore custodit.* La femme qui ne se remarie pouvant prêcher à haute voix ce que dit celle dont parle Quintillien, qui trouvant son mary à l'autre monde, luy representa : *Si quid inferi sentiunt cognosce animum meum, sicut voluisti tibi vixi, tibi moritura fui nulli in pectore meo locus fuit.*

64. Les peines établies par le Droit Civil sont telles : En premier lieu, la femme étant remariée ne peut être Tutrice de ses enfans, encor qu'elle le veüille, & que les Parens y consentent, *Auth. Sacram. C. quando mul. Tut. off. fungi possit.*

65. En second lieu, elle ne peut donner à son second mary plus qu'à un de ses enfans du premier lit, *l. hac edictali, C. de secund. nupt.* à qui elle auroit donné tant-seulement sa légitime: que si elle a plus donné au second mary qu'à un des enfans, on fera de la sorte ; à sçavoir l'on detraira la légitime des enfans, & ce qui restera sera distribüé également entre eux & le Beau-père, *D. Fab. def. 6. C. de secund. nupt.* Toutesfois Mr Boier semble être de contraire opinion en la question 201. disant que ce *plus* est aquis au fils institué, & le reste devoit être partagé entre l'enfant & le beau-pere, & faut faire estimation de ce qui reste au tems de la mort, parce que pendant la vie il n'y a point d'heredité.

66. De ce point il semble naître une autre difficulté, savoir si la femme peut plus donner aux enfans du second lit, qu'à ceux du premier : sur quoy les Docteurs ont été en grande dispute, les uns étans d'opinion que la Mere pouvoit plus donner aux enfans du second lit, que du premier ; la raison qu'ils en donnent est, que si elle ne pouvoit plus laisser aux enfans du second lit, qu'à ceux du premier, *Tolleretur libera testandi facultas,* ce que le droit défend : De plus se seroit par trop gehenner la volonté des Peres & des Meres, s'ils ne pouvoient gratifier davantage un enfant qui est plus obeïssant & porte plus d'honneur à ses pere & mere que l'autre. Et Pline dit fort bien, *Si omnia confusa turbata permixta sunt, nihil est ipsa aqualitate inaqualius,* aussi la loy ne deffend pas à la Mere de donner plus aux enfans

du second lit qu'à ceux du premier, *§. fin auth. de nupt.* Il est vray que pour éviter toutes sortes de querelles, elle invite la mere d'instituer également les enfans du premier & second lit. Et S. Ambroise dit, *Fungat liberos aqualis gratia, quos junxit aqualis natura.*

67. Les autres sont de sentiment contraire, disans que la femme ne peut plus laisser aux enfans de son second mary, qu'à ceux du premier lit, veuque telle donnation est faite en fraude de la Loy, *hac edictali*, qui parle de la sorte, *Omni circonscriptione per interpositam personam velatio quocunque modo cessante.* Or est-il qu'il n'y a personne si proche au pere que le fils, n'étant reputez qu'une même personne, tellement que ce qui est donné au fils, semble avoir esté donné au pere : toutesfois si l'on voit que rien n'a été fait en fraude de la Loy, telle donnation sera bonne, par exemple, si le pere estoit mort avant qu'elle eût été faite, ou si le fils a été émancipé, parce que *quidquid acquirit filius, sibi acquirit, non Patri*, Thes. qu. 170.

68. En troisiéme lieu, la femme qui se remarie perd la proprieté de tous les dons qui lui ont été faits par son mary, soit augment, donnation à cause de nopces, legats. Telle proprieté étant aquise aux enfans du premier lit, luy étant interdite l'alienation de telles choses *l. fœmina*, 3. *C. de sec. nupt.*

69. La raison en est, que la femme se remariant fait injure à son mary & à ses enfans dont elle a quitté le soin, aussi S. Ambroise dit, *mutato concubitu parentes depravantur pralatis filiis posterioris copula neglectis autem his qui ex priori progeniti sunt.*

70. Et non seulement les loix ont voulu que la femme se remariant perdit la proprieté des dons à elle fait par son mary, mais aussi elles ont étably le même contre les maris qui épousoient des secondes femmes, *l. generaliter, C. de sec nup.* parceque le pere fait autant de tort aux enfans du premier lit, les remettant entre les mains d'une Marastre, que la mere les soumettant à un beau-pere : car par les inventions de la belle mere, le pere sera contraint *contra proprium sanguinem judicium inferre* : aussi chez les Cibarites ceux qui se remarioient ne pouvoient avoir entré, ny aspirer à aucunes charges dans le Senat *Quod non extimarent patria possa salubriter consulere qui iterato nuptiarum voto familia liberisque suis tam malè providissent.*

Que si le mary fait un legat à sa femme, soit qu'elle se marie ou non, alors elle vient à se remarier elle ne perd rien de ce que le mary luy a donné, car il luy a donné licence de se remarier, tellement qu'elle ne contrevient à ses commandemens, & ne luy fait injure, D. Fab. *Def.* 8. *C. de secun. nupt.*

71. Quatriémement, si la femme veut avoir son augment en argent, il faut qu'elle donne caution, si elle le veut en fonds elle n'y est obligée, D. Fab. *Def.* 14. *C. de secund. nupt.*

72. En cinquiéme lieu, les biens du second mary sont obligez tacitement pour la reddition des comptes des enfans du premier lit, dez que la mere a eu la tutelle : toutesfois il faut discuter en premier lieu les biens de la mere, que s'ils ne sont suffisans, alors on recourra sur ceux du second mary, *l. satis notum, in quibus ea pignus vel hypoth. tacit. contrahit.* C'est pourquoy, ceux qui veulent prendre des veuves qui ont des enfans, il faut qu'ils fassent rendre compte à la mere de l'administration qu'elle a euë, & leur faire pourvoir de personne legitime.

73. Sixiémement, la femme qui s'est remariée n'ayant fait pourvoir de Tuteur à son fils impubere, est privée de sa succession, ce qu'elle doit faire dans une année à commencer dez qu'elle s'est remariée, le Tuteur devant prendre l'administration des biens du pupil pendant ce tems, n'étant assez que la mere l'aye demandé, *l. 2. §. quod si non compulit, ff. ad S. C. Tert.*

Elle ne sera toutesfois privée de sa legitime, *§. Si quis verò non imalens,* & *§. Si verò non fuerit, auth. de hared.* & *Falcid auth. hoc amplius, C. de fideicommis.* La raison en est que la mere est assez affligée de son fils, sans qu'il faille qu'elle perde la legitime qui luy est deferée par la Loy.

74. Toutesfois la mere sera avisée, afin que rien ne luy soit imputé, & qu'elle ne perde la succession de son fils, de recourir en grande Chancelerie afin de demander licence au Prince de se pouvoir remarier avant que d'avoir fait pourvoir de personne legitime à son fils, & avoir rendu compte de son administration, & faut que dans les Patentes l'on fasse expresse mention des peines introduites par les Loix contre les secondes nopces, avec derogation specifique pour ce regard.

Que si la mere est mineure de vingt-cinq ans, & le fils vient à deceder en âge de pupilarité si bien elle ne luy a fait établir un Tuteur, elle ne perdra pour autant sa succession, la minorité l'excusant du delict pour raison duquel la Loy l'a privée de telle succession, *l. 2. C. si adversus delictum,* Bald. *Cons.* 241. & Romanus *singul.* 224.

De plus, si la Mere voit que les biens de son fils pupil sont chargez de quantité de dettes, de telle sorte qu'elle prévoit qu'il est plus expedient pour le bien de ses enfans de ne faire pourvoir de personne legitime afin que leurs biens ne soient consumez par les creanciers, *l. 2. §. Ego, ff. ad §. C. Tertil.* Lequel texte Hipolit de Mars *sing.* 302. & Romanus 105. l'ont remarqué comme grandement singulier. Voyez Nevis. *in verb. vidua non est nubendum. n. 52. & reliqq.* qui traite ce point.

L'on a dit cy-devant que la femme se remariant perdoit la proprieté de ce que luy avoit été donné par son premier mary, maintenant il faut savoir si elle perd ce qu'elle a reçû par les parens du mary, ou autres étrangers, en contemplation d'iceluy. Romanus *Conf* 405. dit que la femme se remariant ne perd ce qui luy a été donné par les Estrangers en contemplation du mary; la raison qu'il en donne est que la constitution de l'Empereur Justinien est penale, & la peine a lieu tant seulement *in actu vero, non autem in actu ficto*; tellement que parlant tant seulement que la femme se remariant perd la proprieté de ce que luy a été donné par son mary, ne faisant aucune mention de ce qui a été donné par des autres personnes, quoyque en consideration du mary, *cum in pœnalibus non possit fieri extentio ex identitate rationis quod lex non dicet, neque nos dicere debemus.*

75. En septiéme lieu, la mere qui se remarie ne peut retenir son fils avec elle pour l'élever, *l. 1. C. Ubi pupillus educari debeat,* parce que la Mere ayant changé son affection, il est dangereux, *quod habeat votum captanda mortis.*

76. La huitiéme peine est que la mere par le convolat en secondes nopces, est privée de la proprieté de l'hoirie de son fils mort intestat, & succede tant seulement en l'usufruit, soit qu'elle soit mariée avant sa mort ou aprés. *Auth. ex testam. vers. ab intestato, C. de secund nupt. & ib. DD. communiter.*

77. Que si le fils a institué sa mere heritiere par testament si elle se remarie, elle ne perd pour autant la proprieté. Et c'est la commune opinion des Docteurs, sans faire distinction si elle s'est remariée avant ou aprés: Boër. *qu.* 191.

L'on a dit que la mere s'étant remariée, succede à son fils intestat, en l'usufruit tant seulement, cela se doit entendre des biens provenus du pere; mais à ceux du fils elle succedera en la proprieté, & en l'usufruit, *Auth ab intestato, C. eod. & ibi DD. communiter*; Afflictus *dec.* 75. *n.* 4.

78. De cette question il en naît une autre grandement épineuse, sçavoir si la mere qui s'est remariée ayant été instituée heritiére par son fils en l'usufruit de la legitime, iceluy ayant institué ses deux freres germains en la proprieté de tous ses biens, & legué à ses sœurs une somme moyennant laquelle il les a exclu de son hoirie, les sœurs pourront demander la pro-

prieté de la legitime de leur mere qui a été instituée en l'usufruit comme ses heritieres, ou vrayement de leur chef telle proprieté leur ayant été transferée par la Loy en haine des secondes nopces, pour la résolution de cette question, les Auteurs ont été partagez.

Les uns étans d'opinion que les sœurs peuvent demander la proprieté de la legitime de la mere, tant comme ses heritieres, que de leur propre chef. Les raisons qu'ils en disent sont celles-cy

En premier lieu, que la legitime est duë par les enfans aux ascendans par disposition de la Loy, n'en pouvant estre privé *hominis facto*, ne se trouvant aucune Loy qui dise que le fils par son Testament puisse priver la mere de la proprieté de la legitime, luy laissant tant seulement les fruits, *Ergo quod lex non dicit, neque nos dicere debemus*, notamment que *in pœnalibus non sit extentio de casu ad casum, etiam ex identitate rationis*.

La seconde raison est que par disposition de la Loy tout ce qui prend sa source dans l'hoirie du premier mary, se distribuë également entre les enfans du premier lit, *l. Fœmina, authent hæres, Auth. lucrum hoc, C. de secund. nupt.* & ce en haine des secondes nopces, & en faveur des enfans du premier lit.

Troisiémement, que lors que le testateur a donné l'usufruit a la mere, qu'en méme instant la Loy en a distribuë la proprieté entre tous les enfans du premier lit.

Pour quatriéme chef, que les Loix penales *sunt stricti juris non ampliand. sed restringenda potius*: Et partant encor que la Loy permette au fils de donner à sa Mere par Testament pour en pouvoir disposer, toutesfois cela ne peut estre tiré hors de son cas.

Cinquiémement, que cette proprieté venant du premier mary elle ne peut estre exemte de la peine des secondes nopces, si non lors que le fils en dispose en faveur de sa mere, & la Loy n'excepte autre cas. Tellement que l'on n'en peut pas excepter aucun autre : outreque l'on ne contrevient à la Loy & l'on ne blesse le Droit introduit *favore liberorum primi matrimonÿ quibus omnibus potest acquiri vi legitima successionis, proprietas matri relicta, imò & testamento aut alia dispositione.*

Les autres sont de contraire opinion, disant que la legitime se regle par la succession *intestat, l. Cum queritur, C. de inof. testam.* Tellement que la mere qui s'est remariée ne succedant à son fils pour les biens provenus du pere, qu'en l'usufruit, *ut ex testam C. de secundù nuptiis*, il s'ensuit que la legitime n'a dû eſtre laiſſée à la mere qu'en l'uſufruit tant ſeulement, & de ce ſentiment eſt Bartole ſur l'authentique *ex Teſtam.* & Joannes à Garronibus, ſur la même Autentique *de ſecund. nuptiis*, qui diſpute cette queſtion dez le nombre 18. juſqu'au nombre 22. Boër. *deciſ.* 185. *n. 6.* & 190. *n.* 4. Maquelina *de imputa.* & *diſtraƈt.* *q.* 7. La raiſon eſt que la mere *plus conſequeretur ex teſtamento, quam ab inteſtato, quod eſſet abſurdum.*

Et quant à ce qui a été dit que la legitime eſt duë par les deſcendans ou deſcendans en toute proprieté, il eſt répondu que cela ſe doit entendre aux biens adventifs du fils, parce que *ſunt filiorum propria ſubſtantia l. ſcimus*, §. *repletionem*, *C. de inoſ. teſtam.* & Novel. *de hæred.* & Falcid. §. *a.* Mais autre choſe ⟨?⟩ des biens paternels, aprés la diſpoſition du §. 8. *nos.* Novel. *de nupt.* qui fait diſtinƈtion des uns & des autres.

Que ſi l'on veut dire que la legitime doit eſtre laiſſée à la mere en proprieté, au moins à la charge de la rendre aux enfans du premier lit, à cela l'on répond que les paroles de l'authentique *ex teſtamento* qui dit *ſolummodo habere uſumfruƈtum*, eſt contraire, en quoy l'on voit par ces mots l'uſufruit eſtre formellement ſeparé & detaché de la proprieté, veûque la mort ne ſeroit diƈte uſufruƈtuaire, ſi elle n'étoit privée totalement de la proprieté, *l. uti fru. ſſ. de uſufru.* Pour la prouve de ce Merlinus *de legitima. lib.* 1. *tit.* 4. & Joannes à Garronibus *in auth. ex teſt.* *n* 17. & 50. Boloquinus aux additions qu'il a faites au Traité de Matheſilanus *de ſucceſſ. inteſt. in* 2. *art. n.* 33. tenans que le fils ayant laiſſé à ſa mere la legitime en l'uſufruit, & inſtitué un étranger, que cette mere, quoyque la faveur des freres enfans du premier lit, occaſion deſquels cette privation à été introdüite, ne ſubſiſte plus, *ideo quod pro mortuis habeantur cum ſint exhæredati*, n'en laiſſe d'en demeurer privé *ut tenet* Innocens, *in cap. fin. ext. de nupt.* les raiſons qu'il en donne entre autres ſont celles-cy.

En premier lieu, que encore que la faveur des enfans ceſſe en ce cas, qui n'eſt pas ſeule cauſe de cette privation; mais encore l'injure qu'ils ſouffrent par le convolat en ſecondes nopces, au même tems milite une autre raiſon beaucoup preſſante, à ſçavoir que le fils a reſté ſelon la diſpoſition de la Loy, & alors comme parle l'Empereur *in auth. de non eligen. ſecund. nubent,* §. *Cum igitur veniet ad ſcriptos hæredes qui eum repreſentant, ideò quod in eorum perſona ſit radicata & conſolidata proprietas quæ ſicut apud filium ſi viveret, remaneret, ita apud hæredem qui eum repreſentat, ut in auth. de jure jur. à morient. preſiit in prim.* &

in l. hæreditas ff. de reg. jur. Auſſi Bartol. *in l. I. §. ſi pater,* traitant cette queſtion, ſi la mere qui eſt excluſe par le Statut, occaſion des freres, peut ſucceder, ſi le fils les preterit ou exherede, dit que non, parce que lors que *actus privationis unius eſt actus tranſlationis in alium, idem eſt ne unus alterum præcedate qui excluſus incluſo locum fecit.*

Que ſi l'on dit que la mére ſuccede en la proprieté, *ſi omnes decedant filÿ,* cela s'entend, *ſi omnes injuriam remiſere, vel decedendo inteſtati, non conquerentes, vel teſtati remittenten expieſſè vel tacitè injuriam extraneum inſtituendo, relinquentes ſolam legitimam in uſufructu matris, quia tunc remanet excluſa, ut notat* Joannes a Garronibus, *ſup. n.* 18.

La ſeconde eſt que la même équité, qui veut que la mere puiſſe eſtre inſtituée par le fils en toute ſon hoirie; elle veut auſſi qu'elle en puiſſe eſtre privée: c'eſt à dire, reduite de ſe contenter de l'uſufruit, & il ſemble que l'authentique *Hinc nos* le veut, lors qu'aprés avoir dit, *ſuccedat mater tanquam quilibet,* en quoy il la met, au rang des Eſtrangers qui peuvent eſtre exheredez, donnant pour raiſon de cette diſpoſition *Volumus cuſtodiri morientium voluntates* Et c'eſt de là que Merlin en la queſtion I. & 2. lib. 4 tit. C. a pris argument de dire qu'elle pouvoit eſtre preteriē; auſſi bien que Ranchin *Concluſ. 4. part. concluſ.* 497. le Meynard en ſes notables queſtions *lib.* 5. C. II.

Quant au chef des filles. Elles ne peuvent rien pretendre en la legitime, parce que les Docteurs s'amuſeroient vainement à diſputer ſi la mére demeure privée de cette proprieté *extraneo bærede inſtituto, & exhæredatis fratribus,* s'il étoit vray que cette propieté apartient à la mere, à la charge de la rendre à ſes enfans, ou que les enfans du premier lit l'euſſent toûjours, ſoit que le fils decedé en eût diſposé on non.

Et ne peut faire au contraite le *§. Si verò expectet,* moins les ſuivans *auth. de nupt.* d'où eſt tirée l'autentique *lucrum hoc,* & l'authentique *hæres, C. de ſecund. nupt.* pour dire que dez l'inſtant que la mére eſt convolé en ſecondes nopces, cette proprieté eſt deferée & diſtribüé également par la Loy entre tous les enfans du premier lit; cela eſt de propos d'autant que ces diſpoſitions ne touchent que le lucre nuptial, & ne s'étend qu'à ce qui provient *ex viri largitate.* Auſſi l'Empereur *in §. Hinc nos* de la même Nouvelle, aprés avoir diſposé de ce qui concernoit la ſucceſſion du fils, parle en ces termes: *Et hæc dicimus in rebus quæ extra nupptialem donationem ſunt quæ enim in illis ſancita ſunt à nobis, & à Leonis Diva memoria, conſtitutiones integras conſer* *conservamus*, lesquelles Conftitutions ne font autres que les fufdites, comme marque la Glofe.

D'où l'on voit comme quoy les difpofitions qui concernent le lucre nuptial font differentes, & pour voir la raifon pour laquelle cette proprieté ne peut être deferée & diftribüée également par la Loy entre les enfans comme celle du lucre nuptial, *ficut & eorum omnium quæ ex viri largitate matri pervenerunt* lors du convolat luy apartenoit. Ce qu'étant *cû illam eandem deferret proprietas.* Il falloit bien que la Loy qui l'avoit diftribüée entre les enfans du premier lit, aufquels elle étoit deftinée *præfumptâ donantis voluntate*, ou pour mieux dire la leur laiffer, parce qu'elle leur apartenoit, même au cas qu'ils ne fuffent héritiers ny du Pére ny de la Mére.

Mais celle de la fucceffion du fils ne pouvoit être diftribüée ny differée par la loy, puis qu'elle n'avoit jamais apartenu à la Mére, *& fic eum deferere non poterat* Car fi le fils mouroit inteftat, elle n'auroit que l'ufufruit, *ut auth. ex teftament.* S'il teftoit & qu'il la luy laiffât, elle luy étoit aquife *pleno jure, ut eadem auth.* fi moins aux héritiers qu'il inftituoit.

Que fi l'on dit que la proprieté de cér ufufruit qui eft aquis à la mére, le fils mourant inteftat, apartient aux fréres enfans du premier lit : ce n'eft pas que la loy leur defere comme elle fait, le lucre nuptial, ce que demeurans dans la fucceffion du fils à qui ils fuccedent, il faut de neceffité qu'ils en ayent chacun leur part, même que par difpofition du §. *Madabrege*, par le §. *Hinc nos*, elle ne leur étoit pas deferée ; car la Mére à qui cette proprieté étoit laiffée, étoit feulement chargée de la leur rendre à l'heure de fon décez. Sur quoy l'on voit que les Empereurs ont fait diftinction entre la fucceffion du fils, & du lucre nuptial. D'ailleurs la difpofition faite pour raifon du lucre nuptial, ne pouvoit avoir lieu en la fucceffion du fils, parce que cela auroit empêché au fils de remettre cette injure à la Mére, ce qu'il pouvoit néanmoins, comme auffi de difpofer de cette proprieté, ce qui luy avoit été permis par le § *Hinc nos. Nov. de nupt.*

Le Senat toutesfois fans avoir égard à ces raifons, a jugé felon la premiere opinion, à fçavoir que la proprieté de la légitime apartient à la Mére. Le different étoit entre les Demoifelles Jeanne & Catherine Lovys, contre Noble George Lovys Sieur de Pigros leur frére, & le Sieur de Rochefort héritiers teftamentaires de Noble Leonard Lovys qui avoit inftitué particulièrement la Demoifelle Demeuray fa Mére remariée, en l'ufufruit de fa légitime, voulant que la propriété d'iceluy demeurât à fes héritiers fes fréres, aprés le décez de fa mére, à l'exclufion de fes fœurs.

79. Touchant les fecondes nopces, l'on difpute fi la fille ayant renoncé elle perd le domaine que la Loy luy donne, fon Pére ou Mére s'étant remariez. Pour l'intelligence de cette queftion il faut faire quelques diftinctions : 80. En premier lieu fi le Pére, ou la Mére s'étant remariez la fille renonce à tous fes biens Paternels & Maternels, elle ne femble pas pour autant d'avoir renoncé au domaine à elle aquis fur les biens dont la propriété a été perduë par le convolat en fecondes nopces ; parce que ces biens n'apartiennent plus au Pére ou à la Mére qui fe font remariez, mais bien à la fille. Que fi telle renonciation eft faite avant que le Pére ou la Mére fe remarient, il femble que telle raifon ne fubfifte plus : mais il y en a une autre, à fçavoir qu'il n'eft pas vray femblable que la fille aye penfé de quitter un droit qui ne luy étoit encore arrivé, qui luy a été aquis & deferé par la Loy à caufe de la contravention à icelle.

Toutesfois il y a des cas où telle renonciation peut être bonne & valable ; à fçavoir, fi aprés que le Pére ou la Mére fe font remariez, la fille à qui la Loy avoit transferé la propriété par le convolat en fecondes nopces, renonce à tous les droits qui luy pourroient apartenir tant fur les biens Paternels que Maternels. Toutesfois il faut entendre cette propofition, fi l'on voit que par telle renonciation la fille n'a eu aucun deffein de quitter le droit qui luy étoit aquis, comme fi dans le Contrat il eft dit, *que c'eft pour tous droits de légitime & autres droits qui luy pourroient apartenir en quelle façon que ce fût fur les biens de fon Pére & Mére, & que ce que la fille a reçû ne vient qu'à fa portion legitimaire.* Car autrement la renonciation fe trouveroit faite fans caufe, & fans avoir rien reçû, ce qui feroit contre toute équité : D. Fab. *def.* 15. *C. de fecund. nupt.*

Que fi telle renonciation à tous droits Paternels & Maternels a été faite par la fille avant que le Pére ou la Mére fe remariaffent, elle ne peut operer à fon préjudice, veuque *non extenditur talis renunciatio ad id quod pater perdidit fuâ culpâ* : La fille ne pouvant renoncer à ce à quoy elle n'avoit penfé, le cas n'étant encore arrivé ; & c'eft la commune opinion des DD. au raport de Mr Guy Pape, *q.* 228. *& ib. Commentatores.*

8. L'on a dit cy-devant que la Mére par le convolat en fecondes nopces perdoit la propriété de ce qui luy avoit été donné par fon mary, n'en pouvant difpofer en aucne façon au préé

judice de ses enfans. Que si le mary a legué à sa femme pour en disposer comme bon luy semblera tant entre vif, qu'à cause de mort. Si elle se remarie elle ne pourra donner tel legat à son second mary au préjudice des enfans du premier lit ; parce que en cas douteux il n'est pas à croire que le Pére faisant telle disposition aye voulu préjudicier à ses enfans, *& in generali concessione non comprehenduntur ea de quibus disponens verisimiliter non fuisset in specie dispositurus, Cap. fin. de off. vica. in 6. & l. obligatione generali, ff. de pignor.* Et en ce cas l'on ne presume jamais que la donataire se rendra ingrate de la faveur qu'elle a reçuë de son mary, se remariant, en quoy elle a offensé son bienfacteur : Aussi Balde dit *in tit. de pace constantia in verb. Credimus qui dat beneficium expectat gratiam.* Doncque tels mots generaux ne pourront être entendus en ce cas, *Arg. l. fin. C. de non num pecun.* & de même si le Testateur dit, *qu'il donne licence à sa femme de disposer en jugement & dehors de toutes & chacunes les donnations & presens par luy faits à sa femme,* D. Fab. def. 7. C. de secund. nupt.

Que si le mary a legué l'usufruit d'un fonds à sa femme ; sçavoir si venant à se remarier elle le perd, & s'il est aquis aux enfans du premier lit : Par la Loy du C. il est dit que la Mére se remariant perdoit tel usufruit, & qu'il retourneroit aux enfans du premier lit ; mais telle loy a été corrigée par l'autentique *hoc locum habet, C. si secundò nupserit, Mulier cui maritus usumfructum reliquit,* car si le legat est pur, & s'il n'est pas dit : *qu'il donne & legue l'usufruit à sa femme pendant qu'elle tiendra vie viduelle tant seulement,* alors si elle vient à se remarier l'usufruit est dû ; que si dans le testament telles paroles sont portées, dés que la femme se remarie elle perd l'usufruit legué, étant bornée & limitée par la volonté du Testateur : & afin que l'on ne se trompe en certains termes que les Notaires inserent aux Testamens ; à sçavoir, *Je donne & legue l'usufruit à ma femme pendant qu'elle vivra chastement & honnétement,* si la femme se remarie elle ne perd l'usufruit à elle legué, parce que la femme qui se remarie *castè vivere dicitur, l. Mulier, §. Cum proponeretur, ff. ad Trebel.* De plus s'il est seulement dit, *Je legue l'usufruit à ma femme si elle demeure veuve,* si bien elle se remarie tel legat est dû, parce que il suffit *conditionem momento extitisse, ut legatum debeatur, l. si quis haredem C. de cond. instit.* Tellement qu'il faudra mettre au Testament ou Contrat, que *Cas avenant qu'elle se remarie, qu'il la prive d'icelle.*

Touchant les secondes nópces il faut remarquer que les peines portées par le Droit Civil subsistent en faveur des enfans du premier lit, que si le Pere ou la Mere n'en n'ont point, ils se pourront remarier sans en encourir aucune par la Loy Evangelique, étant permis de se remarier sans crainte d'aucune peine, *Mulier enim mortuo viro, soluta est à lege viri, nabat in domino*, comme il a été dit cy devant, *& ibi communiter* DD.

Comme aussi ledit Augmét, Joyaux & Robbes.

1. L'Augment ne passe aux heritiers étrangers de la femme, sinon qu'il aye été autrement convenu par les Parties.
2. L'Augment est dû encore que dans le Contrat il n'aye été parlé d'iceluy.
3. Il a deux sortes de Robbes.
4. Les Robbes prétieuses apartiennent aux héritiers du mary, les journalieres à la femme.
5. Les Joyaux donnez par les Parens du mary, sont au mary, ceux qui sont donnez par les Parens de la femme, à la femme.
6. L'Anneau nuptial est à la femme.
7. Tout ce que le mary envoye à la femme avant qu'elle soit menée dans sa maison pour aquerir ses bonnes graces, apartient à la femme.
8. Difference entre l'Augment & les Joyaux.

1. L'Augment ne passe pas aux héritiers étrangers de la femme, sinon qu'elle survive à son mary, n'ayant aucun enfant de ce mariage, alors l'Augment luy est aquis en toute proprieté, sinon qu'il aye été convenu par les contrahans de la sorte ; car dans le Contrat cette condition est sous entenduë, *que cas avenant que la femme viendroit à déceder sans enfans, que l'Augment seroit reversible au mary*, & c'est la coûtume observée dans le Païs de Savoye : D. Fab. *def. 6. C. de donat. ante nuptias.*

2. Si le mary a retiré quelques sommes d'argent des obligations de sa femme, s'il les a exigé par forme de dotte constituée, alors l'Augment est dû ensuite de telles reception, encore que dans le Contrat il n'en soit parlé aucunement, *l. si constante 19. C. de donat. ante nuptias*, que si le mary l'a fait comme Procureur de sa femme tant-seulement, alors il n'en est dû aucun, & ainsi le Senat a jugé en l'an 1628.

3. Il y a deux sortes de Robbes, les unes de prix, les autres

journalieres ; quant à celles de prix elles apartiennent aux héritiers du mary, non pas à la femme : 4. Mais les habits, & Robbes journalieres apartiennent à la femme non pas aux heritiers du mary.

5. Quant aux joyaux il faut aussi distinguer ; car ceux qui sont donnez par les Parens de la femme, luy sont aquis, tout ainsi que l'Annean nuptial : 6. Et de même tout ce que le mary envoye à sa femme, soit Robbes prétieuses, Joyaux & autres choses avant qu'elle entre dans sa maison, *idque ratione osculi :* comme disent les Docteurs, afin de se pouvoir insinuër dans l'amitié de sa fiancée, & notamment quand le mary est riche, & l'épousée de bonne maison, Afflict. *dec.* 315. Car le baiser semble être la consommation du mariage, & par ce moyen l'on possede le cœur de la femme, & est comme le siege d'un amour mutuël entre les Epoux, n'y ayant rien qui incite l'amour à l'égard du baiser, aussi Ovide dit :

Oscula si dederis fiam manifestus amator.

8. Il y a différence entre l'Augment & les Joyaux ; car l'Augment apartient en toute proprieté aux enfans, la Mére étant morte, quand même elle demeureroit sans se remarier, n'en pouvant disposer aucunement en faveur d'autres personnes : Mais quant aux joyaux elle en peut disposer comme bon luy semblera, même au profit des étrangers, pourveu qu'elle laisse la légitime à ses enfans : D. Fab. *def.* 13. C. *de secund. nupt.*

F I N.

EXTRAIT DES REGISTRES
du Souverain Senat de Savoye.

SUr la Requête préſentée par Me HUMBERT FONTAINE Imprmeur & Marchand Libraire à Annecy , tendante à ce qu'il plaiſe au Senat de luy permettre de reimprimer les Ouvrages compoſez par feu Spect. G. BALLY Avocat au Senat, qui conſiſtent en ſept petits Volumes ; ſçavoir Le Traité des Laods, des Taillables, des Servis, des Emolumens, des Subaſtations, du Serment Litis Deciſif, & des Dottes , attendu qu'il n'y a preſque plus d'éxemplaires , & que la Marguerite Ducrot veuve d'Honorable E. Riondet luy a cedé la Permiſſion, qu'elle auroit obtenu du Senat par Decret du 13. Aouſt 1694. ne les pouvant faire reimprimer : Comme auſſi d'avoir Permiſſion du Senat de reimprimer la Pratique de Mr. le Préſident FAVRE, la Theorique des Notaires , le Stile Criminel , reduit par P. MOREL, & encore le Deſpautaire ſervant aux Ecôliers qui étudient à Annecy au College des RR. PP. Barnabites : Avec inhibition & deffenſe à tous Imprimeurs & Libraires de s'ingerer à l'impreſſion & debite des ſuſdits Livres, même des Impreſſions étrangere ; à peine de confiſcation des éxemplaires contrefaits, de cinquante livres d'amende, & de plus grande s'il y échoit.

Vû par le Senat la requête ſus énoncée, eſt accordé la Permiſſion requiſe, avec les inhibitions requiſes , ſuivant les Concluſions du Procureur General. Fait à Chambery au Senat, le 12. Decembre 1698. Signé, D'ALEX.

Et plus bas,

ARBARETTES.

* 9 7 8 2 0 1 3 4 5 7 4 9 1 *